Kleine Häuser modernisieren

Jürgen Mrosko – Bernhard Müller

Kleine Häuser modernisieren

Räumlich erweitern,
energetisch optimieren,
gestalterisch aufwerten

Deutsche Verlags-Anstalt

Inhalt

Einleitung

Die Stecknadel im Heuhaufen

Es war wie mit der berühmten Stecknadel im Heuhaufen. Mehrere Jahre hatte ich, Jürgen Mrosko, mit meiner Lebensgefährtin in München nach einer geeigneten Wohnung gesucht. Unser Budget war begrenzt und so landeten wir gedanklich immer wieder bei einer 80 bis 100 Quadratmeter großen Eigentumswohnung. Der Wunsch nach einem Dachgeschoss in der bayerischen Landeshauptstadt erwies sich ohnehin als unbezahlbar, ein eigenes Haus als eher uninteressant, da akzeptable Angebote entweder zu weit außerhalb lagen oder zu groß waren.

In London, wo ich als Büropartner eine Vielzahl von Umbauprojekten realisiert habe, ist die Situation völlig anders. Der Bautypus des kleinen Hauses mit entsprechendem Garten und der Möglichkeit, die Wohnfläche von 70 bis 90 Quadratmetern modern umzugestalten beziehungsweise zu vergrößern, ist dort häufig zu finden. Wohnqualität wird dort nicht nach der Anzahl von Quadratmetern, sondern anhand deren Ausgestaltung bewertet.

Das müsste doch auch in München möglich sein, dachten wir. Als sich nach zweijähriger Suche endlich ein winziges, circa 150 Jahre altes Wohnhaus in zentraler Lage fand, ernteten wir zunächst Bemerkungen wie »So ein alter Schuppen!«, »Das lohnt sich doch nicht!« oder »Viel zu klein!«. Die bemerkenswert häufig gestellte Frage war »Und wo ist die Garage für das Auto?«. Offensichtlich genießt die qualitätsvolle Unterbringung des Gefährts hierzulande einen mindestens ebenso hohen Stellenwert wie die Qualität des eigenen Wohnraumes.

Nach Fertigstellung des Umbaus änderten sich die Kommentare schlagartig. Die ruhige Innenstadtlage mit der U-Bahn um die Ecke und allen Geschäften sowie einer Bücherei in Laufnähe und dann noch ein eigener kleiner Garten, der kaum Arbeit macht – das überzeugte dann doch. Sofort waren Anfragen da, ob wir noch etwas Ähnliches kennen würden. Also, lautete meine Schlussfolgerung, gibt es auch im deutschsprachigen Raum einen großen Markt für vergleichbare Objekte.

Seit einiger Zeit bin ich, Bernhard Müller, derselben Meinung. Von Berufs wegen hatte ich mich schon in etlichen kleinen Häusern getummelt, die einen wundersamen Wandel vom fast ruinösen Zustand zum individuellen Traumdomi-

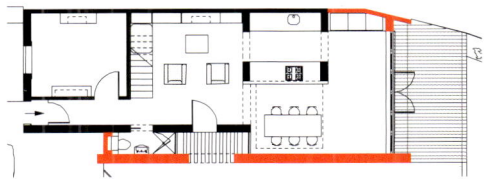

Links, Mitte und Grundriss   Kleines modernisiertes Haus mit hohem Wohnkomfort in London. Architekten: 3s architects and designers ltd, Richmond

Rechts   Klein, aber mein: Ein geschützter Innenhof mitten in der Stadt ist pure Lebensqualität. Architekt: Mrosko, München

zil hingelegt hatten. Es waren immer wieder völlig neue, spannende und herausfordernde Aufgaben, die kleinen Kubaturen fotografisch – und auch textlich – zu dokumentieren. Darüber tauschte ich mich mit Jürgen Mrosko aus, als ich sein schönes Haus in München fotografierte. Wir waren uns einig, dass die Thematik in Buchform gefasst werden müsste.

Während der umfangreichen Recherchen in Deutschland, Österreich und der Schweiz wurde uns immer bewusster, dass es in diesem Themenbereich eine nahezu unendliche Vielfalt von Aufgabenstellungen, Lösungen und Architektursprachen gibt. Es galt, eine gezielte Auswahl zu treffen. Da die spektakulären Beispiele in den Architekturzeitschriften beschrieben werden und als Exoten nur eine geringe Übertragbarkeit haben, konzentrierten wir uns schwerpunktmäßig auf die häufig wiederkehrenden Bautypen: Reihenhäuser, die im Zuge des Generationenwechsels in großer Zahl am Markt sind und den heutigen Anforderungen angepasst wurden; ehemals kleinteilig strukturierte, individuell modernisierte Siedlungshäuser; innerstädtisch gelegene alte Gebäude, die jetzt aktuelle Ansprüche an Wärmeschutz und Wohnkomfort erfüllen, wenn nicht gar übertreffen.

Im Trend: die kleine Gebrauchtimmobilie

Besonders im Bereich der großen Städte zeigt sich ein stark gestiegenes Interesse an kleinen Häusern, die jahrelang als quasi unverkäuflich galten. Zu dieser Entwicklung beigetragen haben beispielsweise die veränderten Lebensbedingungen der Menschen, die zentrale Lage der Bestandsgebäude mit ihrer schon existierenden Infrastruktur sowie die Tatsache, dass sich eine Gebrauchtimmobilie gewissermaßen auf Herz und Nieren prüfen lässt, bevor man sich zu einer Investition entschließt. Hinzu kommt, dass ein Haus heute nicht mehr als »Lebenswerk« verstanden wird, sondern eher als zur momentanen Lebenssituation passendes Gut, als Wohnstätte, von der man sich jederzeit auch wieder trennen kann. Es gibt immer mehr kinderlose Paare und häufig sind beide Partner berufstätig. Da bleibt wenig Zeit für Haushalt und Garten, also sollten diese Bereiche überschaubar sein. Berufsbedingt geforderte Flexibilität führt zu Wohnortwechseln, somit wird keine allzu hohe emotionale Bindung an ein Haus geknüpft. Für diese Bevölkerungs-

gruppen stehen in den Städten meist nur Wohnungen zur Verfügung. Nicht weil dies der Wunsch der Bewohner ist, sondern mangels Alternativen. Das dringende Interesse an Alternativen zeigt sich beispielsweise an der Umnutzung ehemals gewerblicher Immobilien: Der Begriff »Loft« ziert viele Makleranzeigen. Hinzu kommt die Überzeugung, dass Einfamilienhäuser für ihre Bewohner im Alter für eine sinnvolle Nutzung viel zu groß sind. Die durchschnittliche Wohnfläche pro Person liegt in Deutschland heute schon bei 40 Quadratmetern – mit steigender Tendenz. In Österreich und der Schweiz verhält es sich ähnlich. Auch weil das Durchschnittsalter der Bevölkerung steigt: Eltern leben nach dem Auszug der Kinder erst zu zweit, später vielleicht sogar alleine in dem ehemals für die große Familie gebauten Wohnhaus.

Schlafstädte am Stadtrand sind aufgrund mangelnder Infrastruktur immer weniger beliebt und werden in naher Zukunft wohl überwiegend von Rentnern bewohnt sein. Die Infrastruktur ist auf das Auto abgestimmt. Notwendige Einkäufe sind zu Fuß nicht möglich, Ärzte und kulturelle Einrichtungen fehlen. Die viel zu geringe Einwohnerdichte macht den Anschluss an den öffentlichen Nahverkehr unrentabel. Eine Mischung der Nutzungen wurde nicht zuletzt mit den rigiden Bebauungsplänen der Neubaugebiete verhindert: Es sollten reine Wohngebiete entstehen, ohne Gewerbe und Geschäfte. Die vermeintlichen Störungen durch Verkehr und Lärm sollten »außen vor« bleiben, mit dem Ergebnis, dass man ohne Individualverkehr kaum mehr ein Brot kaufen oder in einem Restaurant seine Mahlzeit einnehmen kann. Auch werden Fahrzeiten heute nicht mehr als Zeichen des Wohlstandes begriffen, sondern als finanzielle und emotionale Belastung. Aus diesen Gründen zeichnet sich eine Renaissance der Innenstädte ab. Rüstige Rentner ziehen vermehrt dorthin zurück, von wo sie wegen der Kinder vor vielen Jahren »geflohen« sind.

Der entscheidende Vorteil einer Gebrauchtimmobilie ist: Man sieht vorher, was man bekommt. Die Nachbarn wohnen schon dort, die Infrastruktur ist überprüfbar. Ob eine Straße stört, kann man sofort erkennen, nicht erst, wenn das gesamte Baugebiet fertig ist. Die Gegebenheiten sind mit allen Sinnen erlebbar, nicht nur zweidimensional auf einem Plan. Und nötige Sanierungen sind meist schneller zu bewerkstelligen als

Links und Mitte beide   Auch unscheinbare, »abgewohnte« Reihenhäuser bieten Potenzial – und mitunter große Grundstücke. Architekt: Damrau Kusserow Architekten, Köln

Rechts   »Open living« im alten Reihenhaus: Nach Entfernen einer Zwischenwand ergibt sich ein großzügiger Wohn-Essbereich. Architekt: Lenz, Tübingen

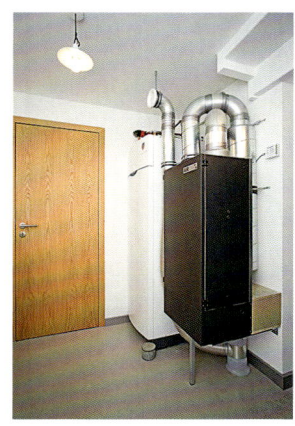

Links beide   Gute Planung nutzt auch die kleinsten Flächen sinnvoll und erzielt ästhetisch ansprechende Ergebnisse. Hier ein Blick in das Bad von Jürgen Mroskos Haus in München. Architekt: Mrosko, München

Rechts   Im Passivhaus von Thomas Dold reicht ein kleiner Technikraum: Die Wärmepumpe benötigt nur wenig Platz. Architekt: Dold, Donaueschingen

ein kompletter Neubau. Das ist budgetfreundlich, denn früher einziehen zu können bedeutet keine Doppelbelastungen durch Miete und Finanzierung.

Der Weg zum Traumhaus – die wichtigsten Maßnahmen

Ist das geeignete Haus gefunden, sind es im Wesentlichen folgende strukturelle Eingriffe, die zu einer fundamentalen Verbesserung der Wohnqualität führen:

1. Das Entfernen von Zwischenwänden behebt die Kleinteiligkeit im Erdgeschoss. Die gute Stube und die separate Küche weichen einem »open living«: Kochen, Essen und Wohnen bilden nicht nur eine räumliche, sondern auch eine thematische Einheit. Das Kochen wird zelebriert, es ist Teil des modernen Lebensstils. Durch zusätzliches Öffnen von Außenwänden und das Vorlagern einer Terrasse werden die häufig als Nutzgarten vor der Küche angegliederten Freiflächen dem Wohnbereich zugeordnet. Der größere Zugang zum Garten bringt wiederum mehr Tageslicht in das Gebäude.

2. Wenn es das Baurecht erlaubt, lässt sich in einem Anbau mit großflächigen Glasflächen ein Wohnraum nach eigenen Vorstellungen gestalten. Weiteres Ausbaupotenzial kann das Dachgeschoss bieten.

3. Die vorhandenen Bäder entsprechen in Größe und Ausstattung nicht mehr den heutigen Standards. Durch komplette Neuplanung, eventuelles Ausgliedern des WCs und Vergrößern der Badezimmer entstehen Wellness-Oasen, wo zuvor kleine, schlecht belichtete Waschbereiche mit den noch immer weit verbreiteten Flachspülern und der Badewanne daneben Tristesse verbreiteten.

4. Neue Heizungsanlagen, Fenster mit Doppel- oder Dreifachverglasung, eine Wärmedämmung der Fassaden und des Daches sind sinnvolle energetische Maßnahmen: Sie steigern neben dem Wohnkomfort auch den Wert des Gebäudes, das durchaus Neubau- und sogar Passivhausstandard erreichen kann, wie es zwei Beispiele in diesem Buch zeigen.

5. Darüber hinaus sind die aufgrund des Gebäudealters notwendigen Reparaturen durchzuführen. Ziegeldächer beispielsweise halten durchschnittlich 50 Jahre lang; Fallrohre und Rinnen sind auf ihre Funktionalität zu prüfen und wie die Elektroinstallationen gegebenenfalls komplett auszutauschen.

Vorteil der Baujahre vor 1920: Die Bausubstanz ist in der Regel ökologisch unbedenklich. Architekt: Endhardt, Günzburg

Jedes Baujahr hat seine Eigenheiten

Jede Immobilie ist im Zusammenspiel all ihrer Parameter individuell. Für die Taxierung ganz wesentlich ist die Zeit, in der das Gebäude gebaut wurde. So war die Bauweise vor 1920 eher einfach. Wärmedämmung und Schallschutz waren noch kein Thema, Kellerwände häufig nicht abgedichtet. Vorteil dieser Gebäude: Damals wurden so gut wie keine problematischen Baustoffe verarbeitet. Nach 1945 wurde mangels Materialien verbreitet mit minimalem Aufwand gebaut. Ziegelsplitt-Beton-Mischungen waren ein gängiger Baustoff. Dämmung und Schallschutz spielten keine Rolle. Viele neue Produkte kamen zum Einsatz: Asbestplatten, Ölanstrich, Bitumenkleber und andere problembelastete Baustoffe. Hier sind auf jeden Fall sorgfältige Schadstoffuntersuchungen zu empfehlen, besonders, wenn Sie einen hohen Anteil an Eigenleistung erbringen wollen.

In den 1960er-Jahren und bis weit in die 1970er hinein führte der wirtschaftliche Aufschwung zu einem wahren Bauboom. Beton setzte sich als Baustoff durch. Kellerwände wurden isoliert, Drainagen zur effektiven Entwässerung gelegt. Die Ölheizung wurde Standard; Öl war günstig, folglich spielte Wärmedämmung und Isolierverglasung immer noch keine Rolle. Auch in dieser Zeit war ein relativ unsensibler Umgang mit der Baustoffchemie üblich. Erst seit den 1980er-Jahren sind Überlegungen zu Schall- und Wärmeschutz ein wichtiger Aspekt der Planung. Dächer wurden fortan mit Mineralwolle gedämmt, mangels bauphysikalischen Verständnisses allerdings oft fehlerhaft – Tauwasser im Dachstuhl mit entsprechend angefaulten Holzkonstruktionen stellen einen häufig anzutreffenden Folgeschaden dar.

Positive Ökobilanz

Auch wenn dies alles auf den ersten Blick ziemlich problematisch und kaum überschaubar erscheint – neu zu bauen ist noch komplexer. Und es gibt weitere überzeugende Argumente für den Kauf eines älteren, sanierungsbedürftigen Hauses: Sie helfen, vorhandene Bausubstanz zu erhalten. Dies wirkt sich in der Ökobilanz deutlich besser aus, als wenn ein Gebäude erst abgerissen und dann neu gebaut wird – zumal auch kein neues Bauland ausgewiesen und erschlossen werden

Familie Bär aus Leutkirch heizt ihr frisch renoviertes Haus mit Sonnenenergie und Scheitholz – dank Hightech effektiv und klimaneutral. Architekt: Herter, Wangen

muss. Ein wichtiger Punkt in diesem Zusammenhang ist der Vergleich zwischen den Baukosten und den sogenannten »Lebenszykluskosten«. Die Gesamtbaukosten betragen oft nur 20 Prozent der Kosten für ein Wohnhaus, bezogen auf dessen gesamten Lebenszyklus: Wartung, Unterhalt, Ersatz von verschleiß- oder schadensbedingt im Laufe der Zeit auszutauschenden Bauteilen und nicht zuletzt die immer aufwändigere Entsorgung von Baumaterialien bei einem späteren Abriss sollten mit in die Kalkulationen eingebunden werden. Häufig erweisen sich dann vermeintlich günstige Alternativen als gar nicht so kostengünstig – als Beispiel seien die hohen Entsorgungskosten für Glaswolle oder Kunststofffenster genannt.

Dabei müssen die geplanten Umbauten nicht spektakulär sein: Hohe Wohnqualität entsteht in erster Linie, wenn die Bedürfnisse der Eigentümer auf einen sensiblen Planer treffen, der diese aufnimmt und analysiert, der Hilfestellung gibt und gegebenenfalls Alternativen aufzeigt. Suchen Sie sich Ihren Architekten deshalb sehr sorgfältig aus. Denn Sie werden ihn nicht nur für die vorgeschriebenen Genehmigungspläne brauchen, sondern vor allem für die schadensfreie Umsetzung und das kontinuierliche Anpassen des vorhandenen finanziellen Spielraumes an den Bauprozess. Sie werden über einen langen Zeitraum intensiv mit ihm zusammenarbeiten und er wird unter Umständen höhere Beträge Ihres Geldes verwalten. Nicht zuletzt hängt es von seinem Geschick ab, ob Sie sich später in Ihrem Haus wohl fühlen. Da muss die zwischenmenschliche Chemie stimmen und eine solide Vertrauensbasis geschaffen sein! Je offener und vertrauensvoller die Kommunikation stattfinden kann, umso besser wird das Ergebnis ausfallen.

Der Architekt sollte so früh wie möglich zu Rate gezogen werden, noch vor Unterzeichnung eines Kaufvertrages. Er kann Mängel erkennen, die Ihnen vielleicht entgehen würden oder die Sie in der ersten Euphorie nicht wahrnehmen: Sonntags bei sonnigem Wetter etwa mag sich manches verheißungsvoller präsentieren, als es eigentlich ist. Vielleicht blenden Sie auch unbewusst permanent vorhandene Lärmquellen aus. Oder Sie nehmen ein Ausbaupotenzial an, das baurechtlich nicht realisierbar ist. Auch die Summen, die sich durch Eigenleistungen einsparen lassen, sind vom Laien sehr schwer einschätzbar. Ein erfahrener Architekt zeigt Ihnen

auf, welche Arbeiten dem Fachbetrieb vorbehalten sein sollten. Wenn man sich durch übereiltes Handeln noch dazu Bauschäden wie aufsteigende Mauerwerksfeuchte oder marodes Balkenwerk einhandelt, wird der Aufwand mit Sicherheit deutlich höher als zuvor angenommen.

Natürlich schauen Sie sich mehrere Objekte von Interesse erst einmal alleine an und prüfen, ob diese grundsätzlich Ihren Vorstellungen entsprechen. Nehmen Sie Ihren Architekten mit zur zweiten Besichtigung, wenn sich ernsthafte »Haus-Kandidaten« herauskristallisiert haben. Vereinbaren Sie hierüber ein Aufwandshonorar auf Stundensatz-Basis, unabhängig davon, ob der Architekt später den Auftrag erhält – eine Option, die viel zu wenige Bauherren nutzen. Und eine prima Gelegenheit, sich kennen zu lernen!

Entweder distanzieren Sie sich dann von einem folgenschweren Kauf oder Sie haben sachliche Argumente, noch einmal über den Preis zu verhandeln. Gehen Sie auf alle Fälle noch gewissenhafter vor als beim Erwerb eines Autos, für den manche Zeitgenossen ohnehin schon unverhältnismäßig viel Zeit aufbringen. Doch bei einem Haus handelt es sich um ganz andere finanzielle Dimensionen.

Der Architekt oder Fachplaner Ihres Vertrauens

Unser erster Rat: Befragen Sie Freunde und Bekannte, die gebaut haben. Klären Sie ab, ob ein mit Altbauten erfahrener Architekt involviert war und ob die Bauherren zufrieden mit ihm waren. Fragen Sie insbesondere nach, was nicht optimal gelaufen ist. Und sehen Sie sich zusätzlich im Internet die Webseiten der Büros in Ihrer Gegend mit ihren Referenzobjekten an. Sie finden sie am schnellsten, indem Sie in die Suchmaschine Ihrer Wahl das Wort »Architekt« und Ihren Wohnort eingeben. Prüfen Sie, ob Ihnen die Architektursprache der gezeigten Beispiele gefällt. Wenn Sie den »bayrischen Alpenstil« bevorzugen und Ihr potenzieller Architekt sich der »strengen Moderne« verschrieben hat, wird es Konflikte geben. Vielleicht ist Ihnen auch schon das eine oder andere Projekt in Ihrer Nähe positiv aufgefallen? Wenn es sich noch in der Bauphase befindet, lassen sich die Baubeteiligten mit Kontaktmöglichkeit auf den Bauschildern ablesen. Ist es bereits bewohnt, klingeln Sie doch einfach an der Haustür; unserer Erfahrung nach sind die meist stolzen

Anbau-Varianten: Low Budget mit Holz und Eigenleistung (Gesamtkosten: € 80 000); ein Beton-Kubus erweitert das Siedlungshaus; großzügig geöffnet: Die dreistufige Treppe markiert die Schnittstelle zwischen Bestand und addiertem Raum. Architekten: SYNdikat AG, Reutlingen; Keuper, Essen; Vollmer Architekten, Schwaikheim

Bauherren besonders auskunftsbereit! Dies sind alles wertvolle Ressourcen, die Ihnen auf dem Weg zum gewünschten Resultat weiterhelfen.

Überlegen Sie sich außerdem genau, ob Sie Ihr Haus von einem »großen« Büro, das zeitgleich auch Projekte mit deutlich höherer Honorarsumme zu betreuen hat, modernisieren lassen wollen. Das Haupt-Augenmerk der Architekten kann hierbei nicht primär auf Ihrem Haus liegen. Ein kleines Büro hingegen setzt vielleicht nur ähnlich dimensionierte Projekte um. Die Wahrscheinlichkeit, ein qualitativ hochwertiges Ergebnis zu erzielen, ist hier unter Umständen eher gegeben.

Die Honorarordnung regelt die Kosten

Der Umbau eines bestehenden Gebäudes ist nicht zu vergleichen mit einem Neubau. Immer wird es unvorhergesehene Punkte geben. Auch sind Planungen im Bestand stets aufwändiger als ein Neubau auf der grünen Wiese. Dies schlägt sich in der Honorarordnung für Architekten und Ingenieure (kurz: HOAI) mit einem Zuschlag von mindestens 20 Prozent nieder.

Wenn Sie denken, den passenden Architekten gefunden zu haben, klären Sie unbedingt die Honorarfrage am Anfang. Häufig gibt es an diesem Punkt Missverständnisse. Doch die Honorare sind in der HOAI präzise geregelt: Lassen Sie sich diese erklären und halten Sie die getroffenen Vereinbarungen schriftlich fest. Als Manko wird oft die Tatsache gesehen, dass die Honorierung entsprechend der Höhe der Baukosten abgerechnet wird (Tabellen der HOAI). Das mag die Befürchtung schüren, der Architekt werde die Baukosten bewusst in die Höhe treiben. Doch der Architekt möchte in erster Linie einen zufriedenen Kunden, denn eine bessere Werbung gibt es nicht für ihn.

Win-win-Situation dank Erfolgshonorar

Nach einer Kostenberechnung können Sie eine Deckelung des Honorars vereinbaren. Geben Sie dem Planer nun einen Anreiz, nach günstigeren Alternativen in den einzelnen Gewerken zu suchen – und vereinbaren Sie hierüber ein Erfolgshonorar. So ergibt sich eine Win-win-Situation. Manche Baufirmen werben gerne mit der Aussage, Architekten seien nicht nötig. Lassen Sie sich hiervon nicht verleiten. Mit

Ausschreibung und Wettbewerbsangeboten lassen sich ganz andere Preise erzielen respektive andere Arbeitsaufwände abrechnen. Aspekte wie die immer komplizierter werdende Bauphysik werden nicht mehr überall beherrscht und bauliche Alternativen gar nicht erst angesprochen. Schließlich ist der einen oder anderen Firma weniger an einer zeitraubenden Diskussion gelegen, als daran, den Auftrag möglichst schnell zu beenden. Eine sorgfältige Planung mit einer äußerst zeitintensiven Kontrolle ist unbedingt notwendig, um beispielsweise Feuchteschäden in der Konstruktion zu vermeiden.

Wenn Sie sich mit Ihrem Architekten einig sind, kann er mit den Arbeiten beginnen. Sein Leistungsbild erstreckt sich über neun Leistungsphasen, die sich in drei Blöcke zusammenfassen lassen: Die Leistungsphasen 1 bis 4 enden mit der Baugenehmigung; die Leistungsphasen 5 bis 8 betreffen die reale Umsetzung; im Anschluss folgt die Leistungsphase 9: Hier werden nach Fertigstellung aller Arbeiten im Zeitraum der Gewährleistung (fünf Jahre nach BGB) alle Ansprüche auf Mängelbeseitigung festgestellt und deren Umsetzung beaufsichtigt.

Zunächst wird der Architekt Ihre Wünsche aufnehmen und versuchen, diese mit den Gegebenheiten abzustimmen. Mit der Baubehörde klärt er rechtliche Fragen betreffs der Abstandsflächen und der möglichen Auflagen eines Bebauungsplanes beziehungsweise des Denkmalschutzes. Auch wichtige Details des Brandschutzes müssen in dieser Phase erörtert werden. Es wird also generell ausgelotet, was sich nun genau umsetzen lässt. Am Ende steht die genehmigungsfähige, bei der Behörde einzureichende Planung.

Während die Baubehörde den Vorgang prüft, erstellt der Architekt alle notwendigen Pläne zur Bauausführung. Diese werden zusammen mit den Leistungsverzeichnissen an verschiedene Firmen geschickt, um Angebote einzuholen. Jetzt beginnt der spannende Teil: die Verhandlungen mit den Firmen, das Erarbeiten kostengünstigerer Ausführungen.

Idealerweise kommt jetzt auch die Baugenehmigung vom Amt zurück und Sie können beginnen. Der Architekt erstellt einen Bauzeitplan, damit die unterschiedlichen Gewerke wissen, wann sie auf der Baustelle gebraucht werden. Er ist für die Baustellensicherheit zuständig, vergleicht die Leistungen mit den

Anmerkung zu den in diesem Buch angeführten Baukosten

Bei einem Neubau lassen sich alle Bauteile im Vorfeld angeben und kalkulieren, es kann eine sehr genaue Kostenberechnung erstellt werden. Maßgeblich hierfür ist die DIN 276 mit ihrer Aufteilung in einzelne Kostengruppen:

Kostengruppe 100: Grundstück
Kostengruppe 200: Herrichten und Erschließen
Kostengruppe 300: Baukonstruktionen
Kostengruppe 400: Technische Anlagen
Kostengruppe 500: Außenanlagen
Kostengruppe 600: Ausstattung und Kunst
Kostengruppe 700: Baunebenkosten (Architekten, Ingenieure etc.)

Die Gesamtkosten werden als Nettokosten ermittelt, zusätzlich wird die Umsatzsteuer aufgeschlagen. In diesem Buch sind die Baukosten-Angaben netto zu verstehen, wenn nicht anders vermerkt. Bei einer Altbausanierung fallen in der Regel nur Kosten nach den Kostengruppen 300, 400 und 700 an. Doch ein direkter Vergleich der Kosten einzelner Projekte ist insofern sehr schwierig, als der Aufwand des Umbaus naturgemäß sehr unterschiedlich ist. Auch der Aspekt der Eigenleistung kann nicht in Zahlen berücksichtigt werden. Hinzu kommt, dass die Beispiele aus Österreich und der Schweiz nicht nach der DIN 276 berechnet werden. Somit können die Baukostenangaben nur einen sehr pauschalen Überblick über den geleisteten Aufwand bieten.

Ausführungszeichnungen und wird immer wieder vor Ort aufkommende Fragen klären. Er organisiert Bemusterungen, damit Sie sich von bestimmten Farben oder Produkten ein reales Bild machen können. Und er achtet auf die fachgerechte Ausführung der Arbeiten.

Nach Abschluss der Arbeiten wird der Architekt den Bau mit Ihnen begehen, Mängel festhalten und den Firmen zur Behebung vorlegen. Abschließend prüft er die Rechnungen und vergleicht die vertraglichen Leistungen mit den tatsächlich ausgeführten Arbeiten. Außerdem stellt er alle notwendigen Dokumente, Gebrauchsanweisungen, Produktbeschreibungen etc. zusammen und übergibt sie Ihnen zur Dokumentation.

Zusätzlich zum Architekten werden Sie weitere Fachplaner brauchen: mit Sicherheit einen Statiker, vielleicht auch einen Fachplaner für Gebäudetechnik, insbesondere, wenn Sie nach Niedrigenergiestandard renovieren wollen. Ihr Architekt wird idealerweise über ein bewährtes Netzwerk von Spezialisten verfügen, die sich verstehen und routiniert Hand in Hand arbeiten. Das kann sich auch bei den Fördergeldern auszahlen, denn die fließen nur nach umfangreichen rechnerischen Nachweisen. Wichtig: Alle Fördermaßnahmen sind vor Ausführung zu beantragen. Entsprechende Adressen finden Sie im Serviceteil im Anhang des Buches.

Lassen Sie sich nun von den so unterschiedlichen Beispielen inspirieren – und trauen Sie sich ran an kleine alte Häuser! Meist haben diese im Vergleich zum Neubau mehr Charme, eine bessere Lage und schon viele Jahre den Nachweis der Beständigkeit erbracht. Und stehen sie gar unter Denkmalschutz, ergeben sich zusätzlich äußerst interessante Steueraspekte.

Jürgen Mrosko, München   Bernhard Müller, Reutlingen
Im Sommer 2009

Wie schwerelos

Sehr behutsam überarbeitete der Wiener Architekt Thomas Abendroth diesen typischen 1970er-Jahre-Bungalow. Er verfeinerte das ursprüngliche Konzept und transferierte es in die heutige Zeit. Weiß einbrennlackierte Aluminiumprofile ersetzen die dunkelfarbene Attikaverkleidung; wie ein umlaufendes Band scheinen sie die Gebäudeteile zusammenzuhalten. Die neuen Holz-Aluminium-Fenster wurden in die Dämmebene, also bündig zur Fassade gerückt, zum Lüften klappen sie nach außen. Filigrane raumhohe Glasscheiben umschließen die ehemals überdachte Terrasse im Norden und erweitern die Wohnfläche ganz nebenbei um 30 Quadratmeter. Der Baukörper wirkt nun optisch viel leichter.

Die Sanierung war aus verschiedenen Gründen notwendig geworden. Das Ferienhaus liegt auf ebenem Gelände am Neufelder See, einem durch Fluten eines Braunkohlebergwerks entstandenen, im Besitz der Fürstenfamilie Esterházy befindlichen Badesees. Der aufgeschüttete Baugrund – Abraum aus dem Bergwerk – hatte sich im Laufe der Jahre gesetzt, Risse bildeten sich am Gebäude. Veraltete Haustechnik und die energetisch ungünstige Außenhaut des Massivbaus beschleunigten die Entscheidung, etwas zu tun.

Im Inneren hielten sich die Eingriffe in Grenzen. Das lag auch an dem bewährten, vom vorherigen Architekten klug angelegten Grundriss. Dessen Dreigliedrigkeit blieb unverändert: Eine Erschließungszone mit beidseitigen Eingängen trennt den abgesetzten Schlaf- und Arbeitsbereich von einem zweiten, verkürzten Baukörper, dem die Bereiche Wohnen, Essen und Küche zugeordnet sind. Die Nassbereiche befinden sich in der Gebäudemitte. Sanitär- und Haustechnik wurden auf aktuellen Stand gebracht, die Wand- und Bodenflächen im ganzen Haus mit zeitgemäßen Materialien bekleidet.

Rechte Seite beide   Neue Leichtigkeit: Mit seiner hell verkleideten Attika, den fassadenbündigen Fenstern und dem variablen Wintergarten erhielt der Bungalow eine besondere Qualität.

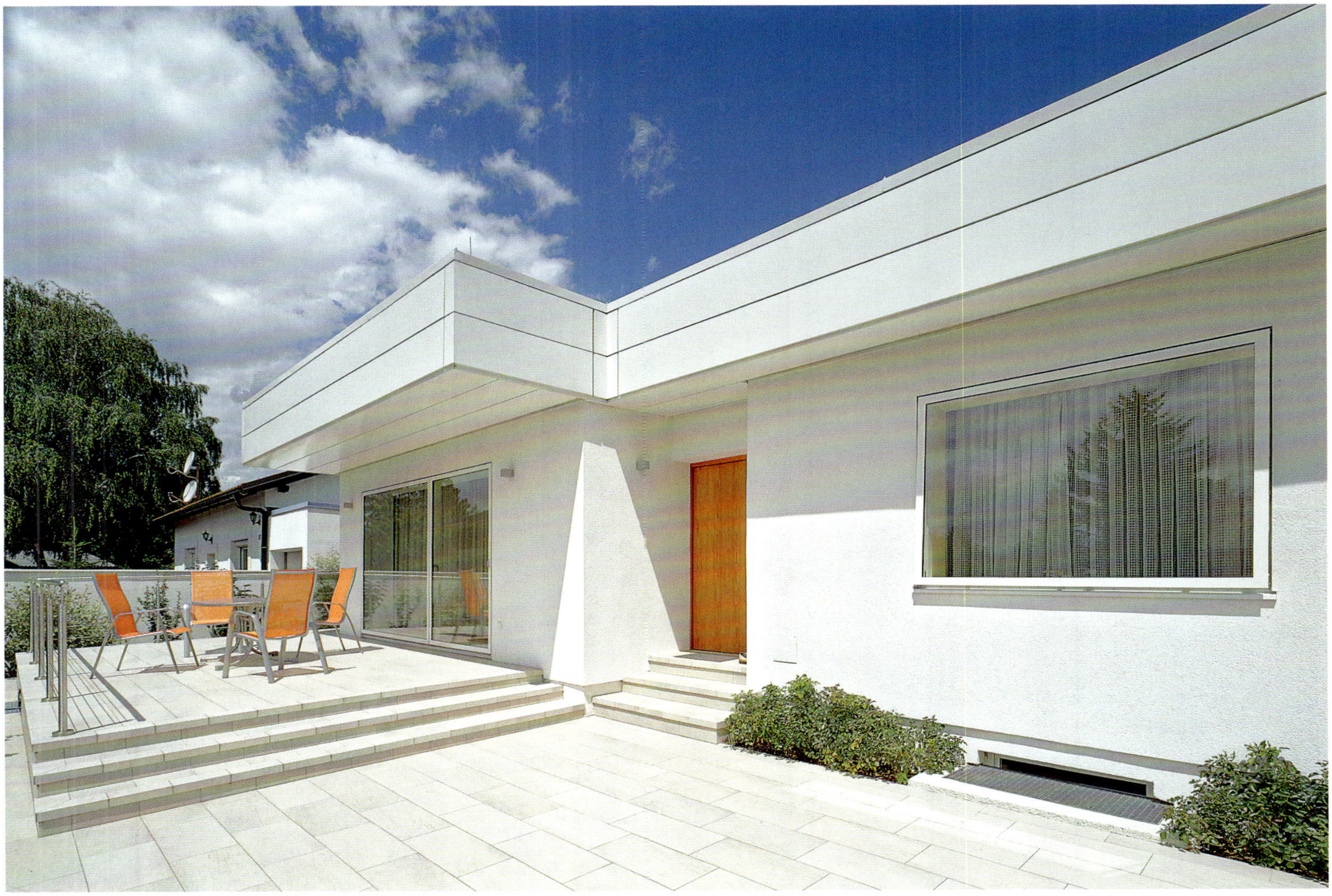

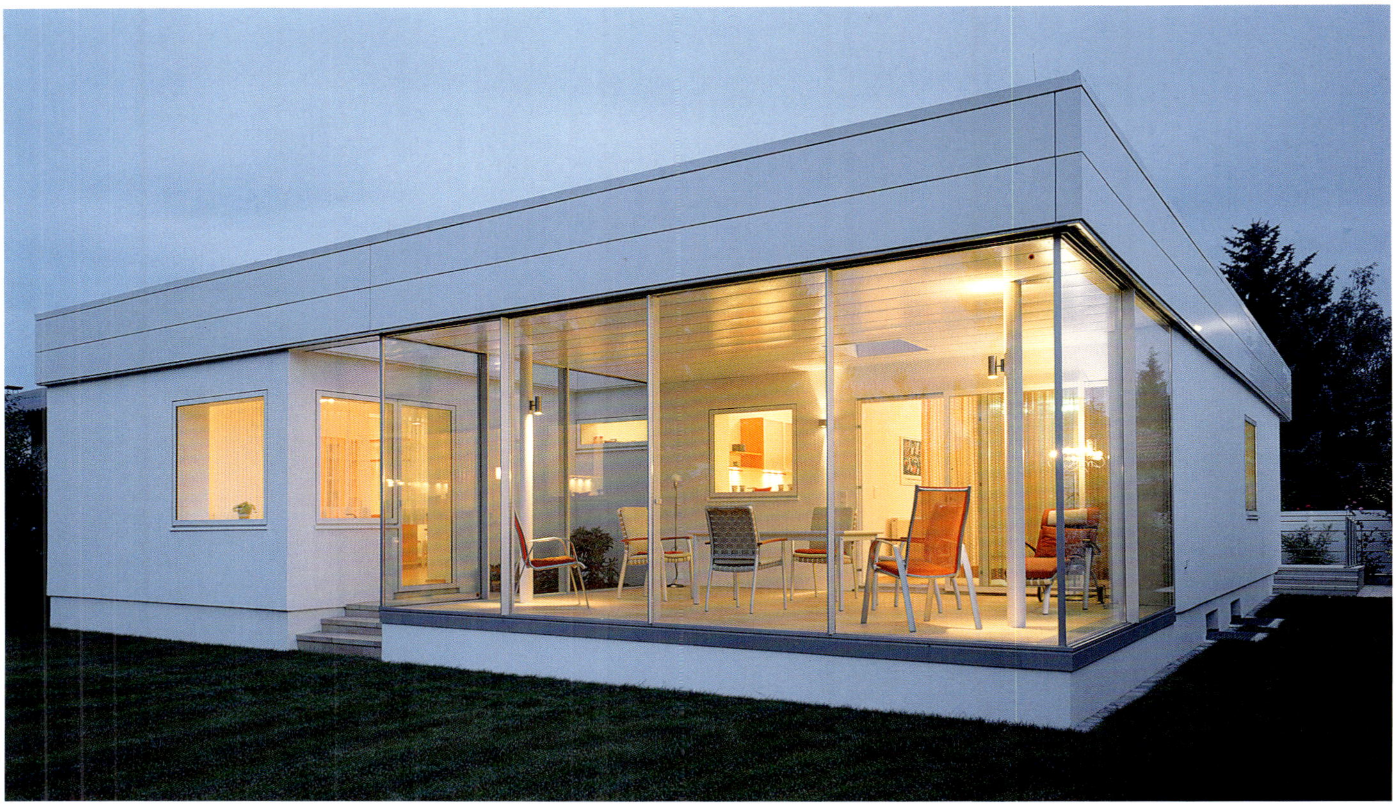

Die zehn Zentimeter starke Außendämmung mit Polystyrol-Hartschaumplatten bildet mit dem neu aufgebauten Flachdach eine warme Hülle. Eine Folienabdichtung gewährleistet den konstruktiven Holzschutz. Da der Bungalow nur zeitweise genutzt wird, konnte Thomas Abendroth mit extrem schlanken Verglasungselementen arbeiten, die energetisch gesehen nicht perfekt sind, doch wesentlich zum eleganten Äußeren beitragen. Unterflurkonvektoren im Bereich der Glasfront sollen Kondensate verhindern und für stets ungetrübten Panoramablick sorgen. Bei Bedarf lässt sich der Wintergarten dank zweier Schiebeelemente quasi in einen Freisitz verwandeln. Alternatives Freiluftvergnügen bietet die vergrößerte Südterrasse.

2008 erhielt Haus R. den Architekturpreis des Landes Burgenland.

Oben   Glasschiebeelemente schließen die ehemals überdachte, Richtung Norden gelegene Terrasse. Es kamen besonders schlanke Profile zum Einsatz.

Links   Optik à la 1970. Der klug aufgeteilte Grundriss des Bungalows blieb unverändert. Innen mussten nur das Bad und die Haustechnik aktualisiert werden.

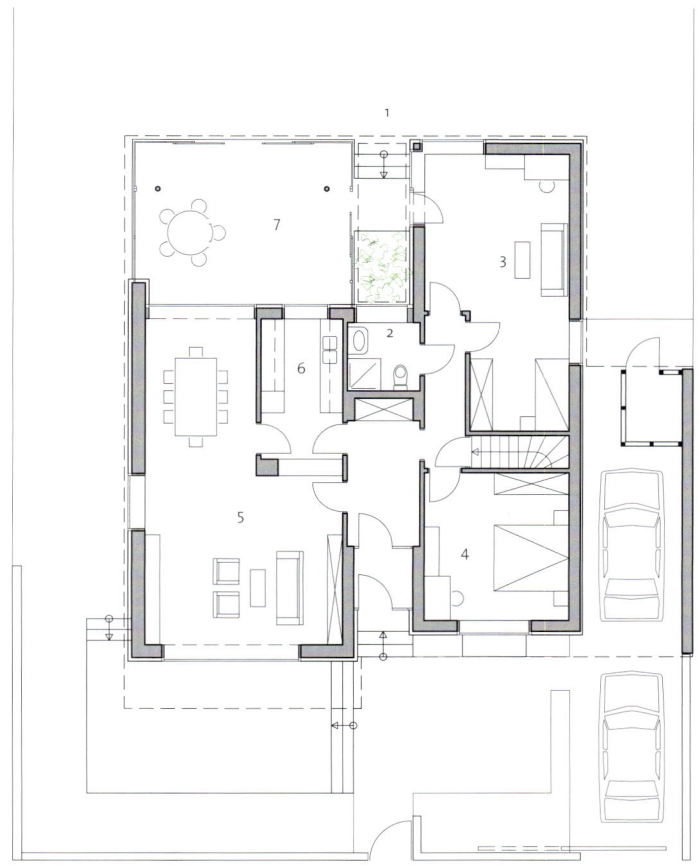

1 Eingang
2 WC
3 Arbeiten/Gäste
4 Schlafen
5 Wohnen/Essen
6 Kochen
7 Wintergarten

Grundriss

>> Projektdaten

Standort	2491 Neufeld an der Leitha, Österreich
Architekt	Thomas Abendroth, Wien, Österreich
Bauherren	Familie R.
Fotos	Rainer Zottele, Wien, Österreich
Grundstück	554 m²
Wohnfläche	vorher/nachher: 100 m²/130 m², Teilunterkellerung 60 m²
Baujahr	1970
Umbau	2005 bis 2006
Anzahl der Bewohner	2
Baukosten	inkl. Außenanlagen: € 227 000; € 1 450/m²
Energiekonzept	**Heizung/Warmwasser:** neue Gastherme, jährlicher Heizwärmebedarf ca. 106 kWh/m² **Wärmedämmung:** Außenwände: 10 cm Polystyrol-Hartschaum und Putz auf der massiven, 35 cm starken Ziegelwand; Dach: 31 cm Polystyrol-Hartschaum **Fenster:** Holz-Aluminium, U-Wert 1,45 W/m²K

>> Kommentar des Architekten

Auch ein Haus aus den 1970er-Jahren hat seine Qualitäten, selbst wenn man sie nicht auf den ersten Blick erkennt. Deshalb sollte grundsätzlich mit Respekt vor der Substanz modernisiert werden. Das ist die beste Voraussetzung für ein erfolgreiches Redesign. Besonders gelungen finde ich die schlanken Verglasungen, die Blechattika und deren zwar mit viel Arbeit verbundene, aber elegante Fugenaufteilung. Die Außenanlagen würde ich das nächste Mal weniger puristisch gestalten.

Haus im Haus

Vorarlberg ist bekannt für seine innovative Architektur. Speziell in Holzbauweise entstehen dort immer wieder vorzügliche Wohnhäuser. Dieses Beispiel stammt aus dem Dorfzentrum von Schlins, einer Gemeinde im Walgau: Das über 50 Jahre alte Bauernhaus war den Bewohnern zu klein geworden. Es bot sich an, den Wirtschaftsteil des Gebäudes für Wohnzwecke umzunutzen. Dabei sollten nur natürliche, unbehandelte Materialien wie Holz, Stampflehm und Lehmputze zum Einsatz kommen.

Um den Scheunencharakter des Bestandes nicht zu verändern, blieb die ursprüngliche Fassade mit der mittlerweile ergrauten Holzverschalung bestehen. In Teilen authentisch überarbeitet, bieten die offenen Fugen spannende Ein- und Ausblicke sowie einen steten Luftwechsel. Neue Fassadenteile ordnen sich mit bewusst wenigen Fensteröffnungen formal ein. Das bestehende Satteldach spannt sich von Ost nach West über das Wohnhaus und den ehemaligen Wirtschaftsteil. Der Hauseingang befindet sich nordseitig zur Straße.

In diese Hülle implantierten die Architekten Martin Hackl und Dieter Klammer einen autarken, zweigeschossigen Baukörper aus vorgefertigten Holzrahmenelementen, die längsseitig mit Abstand parallel zu den Außenwänden gesetzt wurden. So entstand zwischen den alten und neuen Wänden Raum für einen Lagerbereich im Norden und eine Veranda im Süden. Diese öffnet sich wie durch ein großes Scheunentor hindurch in Richtung des ihr vorgelagerten Freibereiches mit überdachtem Sitzplatz und Blick in den Obstgarten.

Das Raumprogramm, das vier Zimmer und zwei separate WCs umfasst, ist qualitativ sehr hochwertig und lässt keine Wünsche offen. Vor allem der ehemalige Scheunenteil präsentiert sich aus jeder Perspektive visuell reizvoll. Im Erd-

Rechts   Der Wirtschaftsteil des Vorarlberger Kleinbauernhauses ließ sich für die geplante Erweiterung nutzen. Die Außenverschalung blieb zum Teil erhalten.

Rechte Seite   In den alten Stadel fügen sich die vorgefertigten Holzrahmenelemente perfekt ein. Mit Holzrosten belegte Stahlkonstruktionen bilden die Terrasse und die brückenartige Verbindung zum neuen Elternschlafzimmer im Obergeschoss.

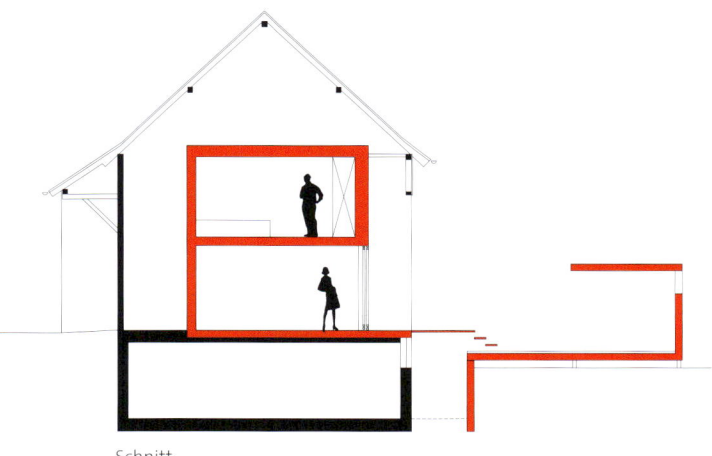

Schnitt

geschoss befindet sich ein großer Wohnbereich, der über die neu gestaltete Küche im Hauptgebäude erschlossen wird. Darüber verläuft eine stählerne, mit Holzrosten belegte Brückenkonstruktion – sie verbindet das renovierte Bad mit dem zum Wohnraum hin verglasten Elternschlafzimmer.

Ein besonderer Vorteil des Konzeptes »Haus im Haus« ist die Trennung der neuen thermischen Fassadenebene von der wetterfesten Außenhaut: So müssen die Wände aus Stampflehm mit ihren hervorragenden raumklimatischen Eigenschaften nicht zusätzlich vor Regen geschützt werden. Ebenso dauerhaft im Trockenen bleiben die Holzständerwände mit der zum Teil sichtbar belassenen Beplankung aus Holz-Mehrschichtplatten.

Oben und Aufriss Das bestehende Satteldach spannt sich von Ost nach West über das Wohnhaus und den ehemaligen Scheunenteil. Der Hauseingang mit vorgelagertem Carport liegt nordseitig an der Straße.

Unten Südseitig öffnet sich die Terrasse in den Garten. Ansonsten gibt sich die Fassade eher geschlossen, um den Charakter des Hauses zu wahren.

>> Projektdaten

Standort	6824 Schlins, Österreich
Architekten	architektur.terminal, Röthis, Österreich
Bauherren	Eheleute M.
Fotos	Andy Sillaber, Dornbirn, Österreich
Grundstück	704 m²
Wohnfläche	vorher/nachher: 110 m²/162 m²
Baujahr	ca. 1960
Umbau	2003
Anzahl der Bewohner	4
Energiekonzept	Heizung/Warmwasser: Erweiterung der bestehenden Gasheizung, Umbau auf Niedertemperatur-Flächenheizung (Boden und Wand), Solarkollektoren projektiert
	Wärmedämmung: Holzrahmenelemente mit 20 cm Steinwolledämmung, eingefügt in die Stadelkonstruktion

>> Kommentar der Architekten

Die Bauherren waren von vornherein auch gegenüber einer unkonventionellen Lösung aufgeschlossen. Für uns Planer war das natürlich prima. Den kreativen Freiraum konnten wir optimal nutzen – im Sinne eines alle beteiligten Parteien befriedigenden Ergebnisses.

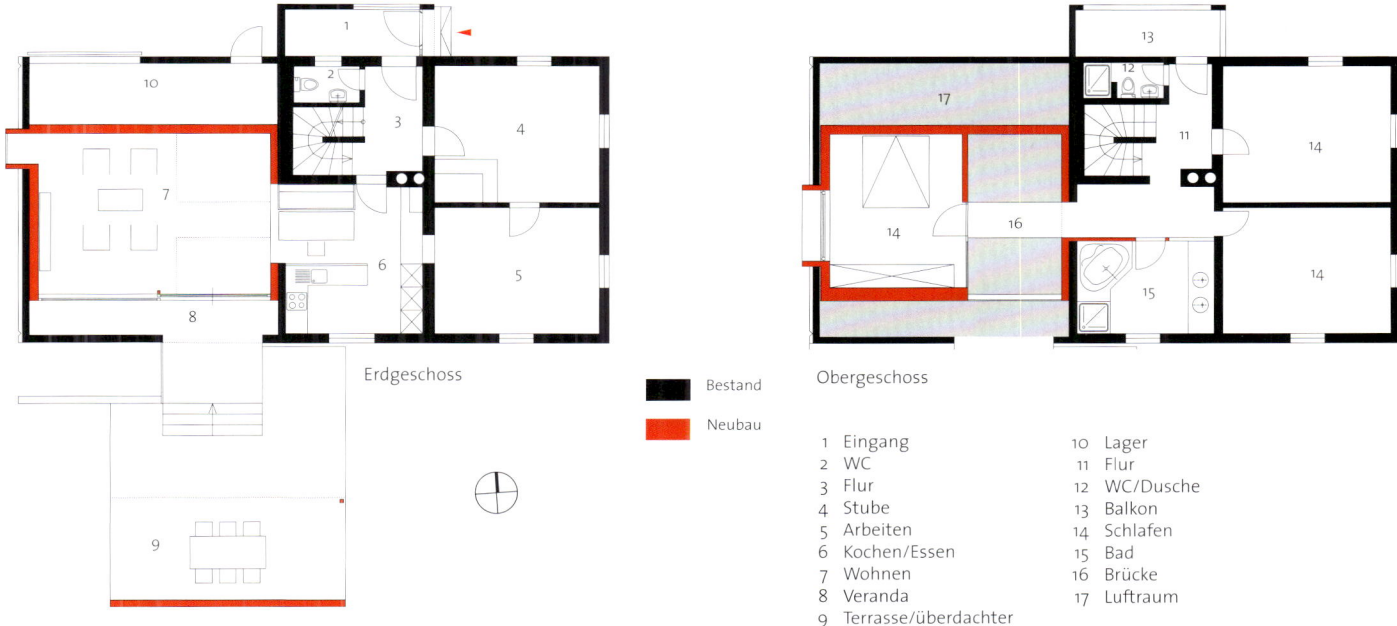

Erdgeschoss

■ Bestand

🟥 Neubau

Obergeschoss

1 Eingang
2 WC
3 Flur
4 Stube
5 Arbeiten
6 Kochen/Essen
7 Wohnen
8 Veranda
9 Terrasse/überdachter
   Sitzplatz

10 Lager
11 Flur
12 WC/Dusche
13 Balkon
14 Schlafen
15 Bad
16 Brücke
17 Luftraum

Unten Bringt prima Raumklima: Blick auf die in Stampflehm
ausgeführte Wand des Wohnhauses. Eine große Öffnung verbindet das Wohnzimmer mit der neu gestalteten Küche.

Bonanza

Umgebaut nicht wiederzuerkennen ist dieses 40 Jahre alte Einfamilienhaus in einem Siedlungsgebiet der Schweizer Gemeinde Lupsingen. Nach Bauherrenwunsch sollten die Architekten den Bestand zwar respektieren, dabei aber gründlich aktualisieren und den Garten stärker in das Wohngeschehen einbeziehen.

Das Ziegeldach blieb erhalten, auch die ursprüngliche Gebäudeform lässt sich noch ablesen. Ansonsten hat sich Fundamentales geändert: Die kleinen Zimmer des Erdgeschosses mit ihren winzigen Fensteröffnungen wichen einer transparenten Raumfolge; Verglasungen ersetzen einen Großteil der gemauerten Wände. Nur der Ostteil des Gebäudes ist wie früher gegliedert.

Statisch notwendige Strukturen verlegten die Architekten fast komplett in den Dachraum. Betonüberzüge tragen die Lasten auf die neue, westlich vorgelagerte Kulissenfassade ab und ermöglichen ein stützen- und unterzugsfreies Öffnen der Außenhaut zum Garten hin. Auch das Dach konnte dank dieser Konstruktion um sechs Meter verlängert werden. So schützt es den Essbereich des Erdgeschosses und formt weit auskragend eine zusätzliche Raumschicht zwischen der thermischen Gebäudehülle und der Gartenlandschaft. Eine umlaufende Holzveranda mit Außenkamin vergrößert den Wohnbereich, lässt die Übergänge zwischen dem Inneren und dem schön eingewachsenen Grundstück fließen.

Im Erdgeschoss befinden sich neben dem Elternschlafzimmer mit eigenem Bad der offene und voll verglaste Koch-, Ess- und Wohnbereich. Die drei Kinderzimmer liegen im ausgebauten Untergeschoss. Geländemodulierungen ermöglichen hier den Austritt über bodentiefe Fenster in den Garten. Die auf der Eingangsseite angeordneten Nebenräume hingegen verbergen ihre Fensterflächen hinter der zwölf Meter breiten, frei aufgestellten Holztreppe mit Veranda. Entfernt erinnert diese Ansicht an ein Ranchhaus. Fehlt nur noch der Balken, um die Pferde anzubinden. »Bonanza« nennt die Familie daher auch ihr Domizil.

Geschickt verwebt das einheitliche Farbkonzept innen und außen die einzelnen Neubauteile mit der bestehenden Gebäudestruktur. Von außen verstärkt der bekieste Vorplatz die monolithische Wirkung des dunkelgrün gestrichenen Baukörpers.

Rechte Seite beide   Die einheitlich dunkelgrün gestrichene Außenhaut und die westlich vorgelagerte Kulissenfassade geben dem in Ortsrandlage stehenden Gebäude aus dem Jahr 1969 einen ureigenen Charakter. An der unterschiedlichen Ziegeldeckung lassen sich altes und ergänztes Volumen erkennen.

Unten   Der traufseitig vorspringende Beton-Anbau verlängert das Gebäude – und eröffnet mit expressiver Geste völlig neue Wohnperspektiven.

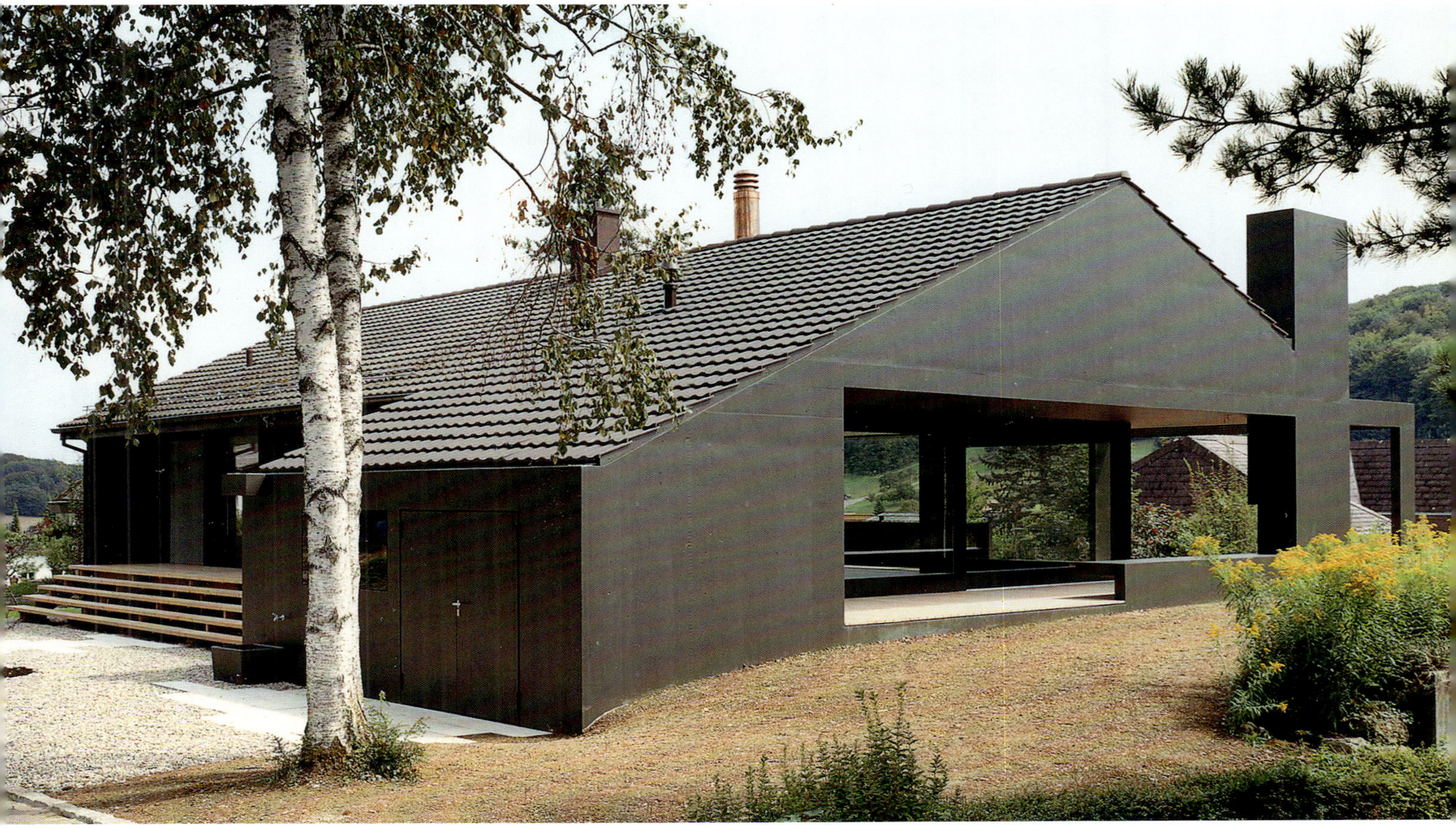

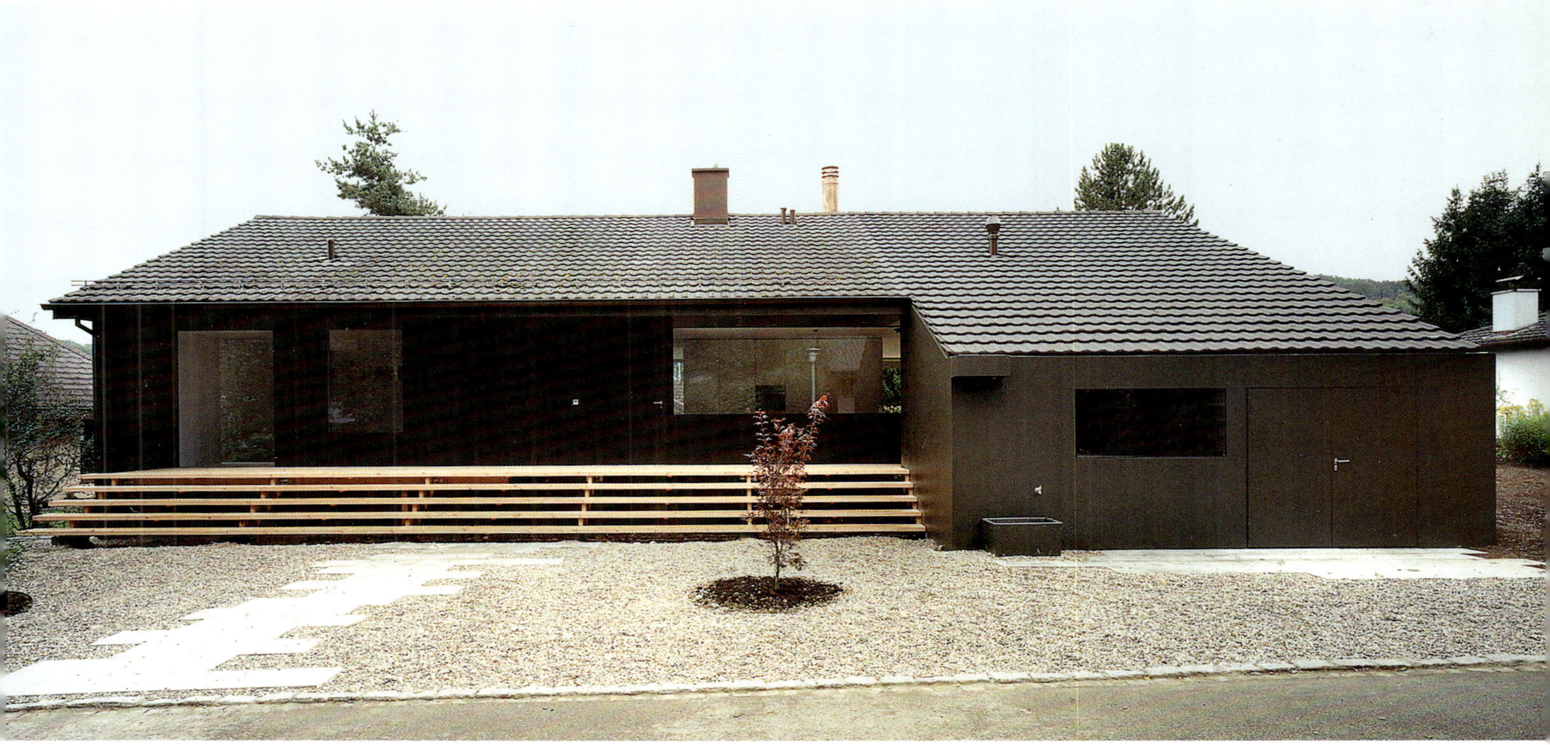

Das weit auskragende Dach schafft einen
umlaufenden, überdeckten Außenraum.
Die raumhohe Verglasung lässt Innen und
Außen miteinander verschmelzen.

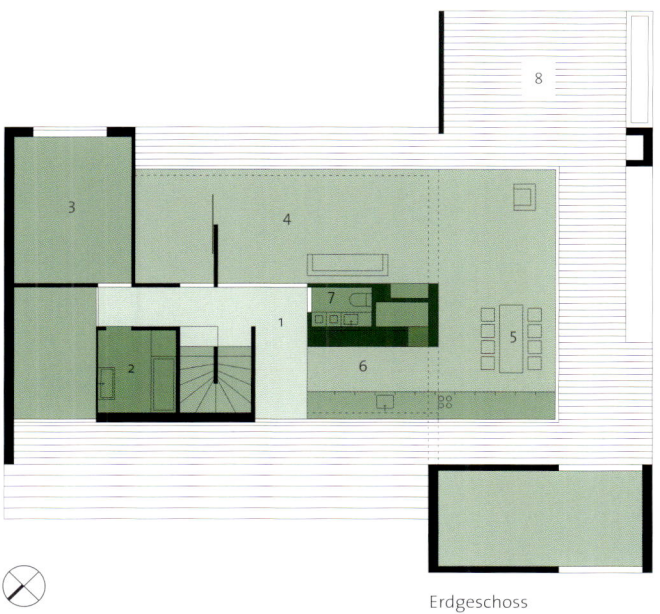

Untergeschoss

Erdgeschoss

1   Eingang
2   Bad
3   Schlafen
4   Wohnen
5   Essen
6   Kochen
7   WC
8   Terrasse
9   Flur
10 Bad
11 Keller
12 Schlafen
13 Gartenlager

Unten   In diesem für seine Bauzeit sehr typisch geschnittenen Haus hatten die Bewohner weit weniger von dem Grundstück mit seinem alten Baumbestand.

>> Projektdaten

Standort	4419 Lupsingen, Schweiz
Architekten	Buchner Bründler Architekten, Basel, Schweiz
Bauherren	Familie S.
Fotos	Ruedi Walti, Basel, Schweiz
Grundstück	901 m²
Überbaute Fläche	mit gedeckter Terrasse und Eingangstreppe: 272 m²
Wohnfläche	vorher/nachher: 93 m²/121 m² im Erdgeschoss, zusätzlich 55 m² im ausgebauten Untergeschoss
Baujahr	1969
Umbau	Januar bis August 2005
Anzahl der Bewohner	5
Energiekonzept	Heizung/Warmwasser: Ölheizung Bestand, Radiatoren, Anbau mit Fußbodenheizung
	Wärmedämmung: Boden im Dach: Steinwolle 140, OSB-Platten
	Fenster: neue Holzfenster, U-Wert 1,0 W/m²K

>> Kommentar der Architekten

Ziel war es, das Ende der 1960er-Jahre gebaute Haus an die Bedürfnisse der folgenden Generation anzupassen und die Qualitäten des gewachsenen Ortes zu nutzen. Das Gebäude ist um rund sechs Meter in der Länge gewachsen, wovon aber nur vier Meter auf den inneren Grundriss entfallen. Der Rest gehört zum umlaufenden gedeckten Außenraum, der sanft in die Gartenlandschaft überleitet.

Damrau Kusserow Architekten, Köln

Schön schlicht

Während der 1950er-Jahre begann in Deutschland verstärkt der Bau kleiner Reihenhaussiedlungen an den Stadträndern. Die Wirtschaft florierte und viele konnten sich ein eigenes Haus leisten. Auch die Besatzungsmächte nutzten verstärkt Grundstücke an der Peripherie und errichteten Wohnanlagen für ihre Bediensteten. Ein typisches Beispiel ist dieses kleine Kölner Reihenhaus. Die ehemalige Immobilie des belgischen Militärs steht auf einem langen, nur 5,50 Meter breiten und nach Ostwest ausgerichteten Grundstück.

Der recht strenge Bebauungsplan legte unter anderem die Gaubengröße, Zinkblech als Verkleidung der Gaube und Weiß oder Gelb als die beiden einzig wählbaren Farben für die Putzfassade fest. Kein Problem, denn das Architektenehepaar Karin Damrau und Bernd Kusserow hätte das Äußere ihres neuen Besitzes ohnehin nur marginal verändert – um die homogene Grundstruktur der Reihenhaussiedlung nicht zu stören. Innen jedoch nutzten sie alle Optionen und erweiterten 79 Quadratmeter Wohnfläche auf schließlich 124 Quadratmeter. Dabei ermöglichte der für die Bauzeit ungewöhnliche Grundriss mit seiner zentral und quer angeordneten, zwischen zwei Wandscheiben verlaufenden Treppe ein fließend ineinander übergehendes Raumprogramm.

Unmittelbar nach dem Betreten ist das Gebäude in seiner ganzen Tiefe wahrnehmbar. Auch ohne Türen präsentiert sich das Erdgeschoss klar zoniert: Den Eingangsbereich begrenzt ein Wandblock mit WC und offener Garderobe; eine extra lange Sauberlaufzone fängt den Straßenschmutz ab; links geht es in die Küche, geradeaus – vorbei an der Treppe mit ihrer im Bereich der unteren Stufen ausgenommenen Wand – ins Wohnzimmer. Die großen Fensterflächen eröffnen dort einen überraschenden, unverbaubaren Ausblick auf tief im Gelände stehende, hohe Bäume – sie sind Teil einer öffentlichen Grünanlage. Da nimmt man doch gerne auf dem mit klaren Strichen gezeichneten Terrassendeck Platz!

Im oberen Geschoss sind zwei identisch große Kinderzimmer zum Garten hin angeordnet, die sich per Schiebetür verbinden lassen. Auf der Gegenseite befindet sich ein offener, vielseitig nutzbarer Bereich, etwa als Gästezimmer, Spielzimmer oder zweites Wohnzimmer. Von hier aus strömt Licht in die innere, knapp bemessene Erschließungszone.

Rechte Seite und unten   Geostrategisch günstig am Rande Kölns gelegen, steht dieser Haustyp für eine Vielzahl ähnlicher, einer vernünftigen Modernisierung bedürftiger Gebäude.

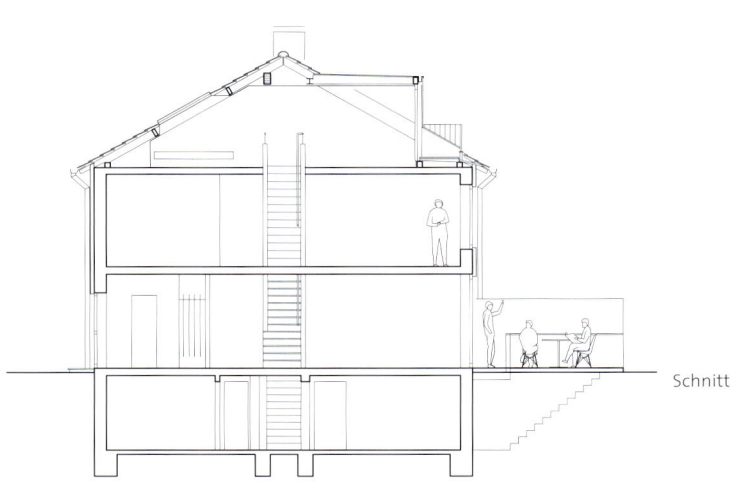

Schnitt

Das Dachgeschoss ist als Einraum angelegt. Mit seiner voluminösen, dabei sehr gut proportionierten Gaube versorgt es über das Treppenhaus auch das Erd-geschoss mit Tageslicht. Überraschend wenige Eingriffe, aber viele durchdachte Detaillösungen führten hier zu einem architektonisch hochwertigen Ergebnis. Auch ohne Addieren zusätzlicher Flächen gelang es den Architekten überzeugend, die Kleinteiligkeit ihres Hauses aufzulösen: Alle Räume öffnen sich zueinander, pfiffige Einbauten bieten den nötigen Stauraum – und die bedacht gewählte Möblierung rundet das Bild ab.

Linke Seite Durch das Wohnzimmer
führt der Blick auf die Terrasse. Dahinter
bieten unverbaubare, sich zu einer Art
Park ergänzende Grundstücke tolle Spiel-
möglichkeiten für die Kinder.

Oben Blick über das Elternbett hinweg
auf den Schreibtisch und die viel Licht
spendende Gaube. Einbauschränke sorgen für Stauraum, der Ausblick auf hohe
Bäume für Flair.

Oben beide   Klar zoniert: Ein Wandblock mit integriertem WC und Garderobe trennt Küche und Eingangsbereich; die zentral angeordnete Treppe erleichterte die Planung.

Unten beide   Vor der Sanierung: Etwas willkürlich gesetzte, deutlich kleinere Fensteröffnungen und eine energetisch äußerst ungünstige Gebäudehülle bestimmten das Erscheinungsbild.

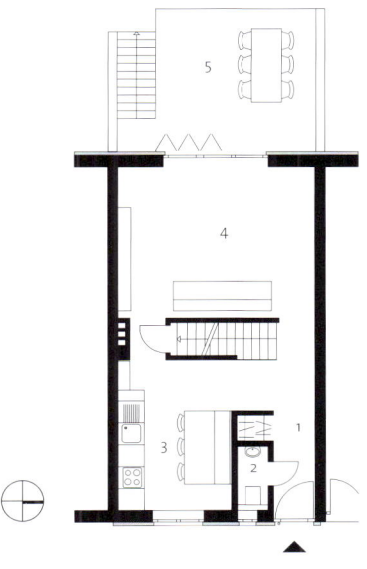

Erdgeschoss

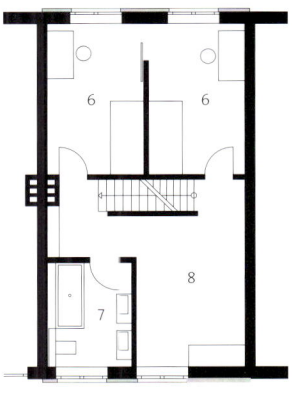

Obergeschoss

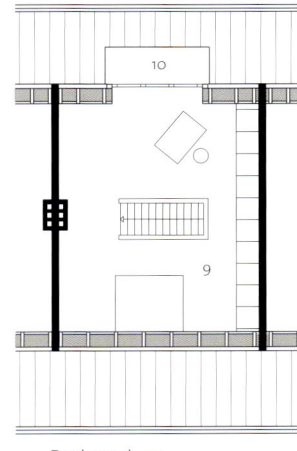

Dachgeschoss

1 Eingang/Garderobe
2 WC
3 Kochen/Essen
4 Wohnen
5 Terrasse
6 Schlafen
7 Bad
8 Arbeiten/Spielen
9 Schlafen
10 Terrasse

>> Projektdaten

Standort	50858 Köln
Architekten	Damrau Kusserow Architekten, Köln
Bauherrin	Karin Damrau
Fotos	Bernhard Müller/www.journalfoto.de, Reutlingen
Grundstück	240 m²
Wohnfläche	vorher/nachher: 79 m²/124 m²
Baujahr	1953
Umbau	2004
Anzahl der Bewohner	4
Baukosten	€ 800/m² Nutzfläche (Kostengruppe 300 und 400 nach DIN 276 – Material und Handwerker), ohne Außenanlagen, Planungskosten und Kaufpreis
Eigenleistung	Entwurf, Bauantrag, Werkplanung, Ausschreibung, Vergabe, HOAI Honorarzone III Mittelsatz (entspricht € 22 000 brutto)
Energiekonzept	**Heizung/Warmwasser:** Ölheizung Bestand, Baujahr 1999, jährlicher Ölverbrauch 996 l, Heizkörper **Wärmedämmung:** Außenwände: 8 cm Polystyrol-Hartschaumplatten (WLG 035); Dach: Vollsparrendämmung, Sparren von 16 cm auf 20 cm aufgedoppelt, Glaswolle-Klemmfilz (WLG 035) **Fenster:** neue Holzfenster mit Wärmeschutz-Isolierverglasung

>> Kommentar der Architekten

Im Rahmen des Budgets ist das Resultat für uns optimal. Natürlich hätten wir gerne eine neue Heizung gehabt, doch der vorhandene Heizkessel war erst 1999 eingebaut worden und damit zum Wegwerfen zu schade. Außerdem liegt der Ölverbrauch recht niedrig. Als Architekten bearbeiten wir derzeit das fünfte Haus in unserer Straße. Kleine Umbauten interessieren! Das beweisen auch die 200 Gäste, die am Tag der Architektur innerhalb von zwei Stunden unser Haus besuchten und sich informierten.

La Fortezza

Nordwestlich des Lago Maggiore erstreckt sich eine der abwechslungsreichsten Gegenden des Tessins: das Maggiatal. Bei aller landschaftlichen Schönheit zeugen verlassene Häuser auch von den kargen Bedingungen, die so manchen Einwohner des Tales bis weit ins 20. Jahrhundert hinein sein Glück in der Stadt oder gar in fernen Ländern suchen ließen: Landwirtschaft war nicht ertragreich, Landflucht die logische Folge. In den letzten Jahren kehrte sich die Entwicklung um. Städter erwarben die zerfallenen Häuser, renovierten sie und nutzen sie als Wochenenddomizil in herrlicher Umgebung, beispielsweise circa eine Autostunde entfernt von Locarno und Bellinzona.

So auch im kleinen Weiler Mogno, bekannt und zu einem Wallfahrtsort für Architekturkenner geworden durch seine von Mario Botta geplante und 1996 fertiggestellte Kirche. Etliche der alten Stein- und Holzhäuser Mognos hat der aus der Gegend stammende Architekt Giovan Luigi Dazio wiederhergestellt – unter der Prämisse, deren ursprünglichen Charakter zu bewahren.

Unser Beispiel zeigt ein ehemaliges, aus Lärchen-Rundholzbalken gefügtes Stallgebäude. Die Originalkonstruktion war kollabiert; sie konnte keine zusätzlichen Lasten aufnehmen, sollte aber in neuem Kontext wieder vollständig sichtbar sein. Dazio entschied sich für einen ungewöhnlichen Bauablauf: Zunächst ließ er die bestehende Konstruktion statisch sichern, dann anheben und an geeigneter Stelle zwischenlagern. So war am ursprünglichen Standort der Bau eines neuen Untergeschosses mit angrenzender Natursteinmauer möglich. Ein Kran setzte schließlich das Holzgerüst auf sein neues Fundament.

Die Lasten des Daches trägt heute eine filigran gezeichnete Stahlkonstruktion. Die Innenwände im Erdgeschoss bestehen aus Isolierglasflächen, die hinter die Holzbalken gesetzt wurden. Auf diese Weise bleiben die Fugen und Öffnungen der groben Holzkonstruktion von innen und außen erlebbar.

Rechte Seite oben   Vom Stallgebäude zum traumhaften Tessiner Domizil: Dieses großartig einer neuen Nutzung zugeführte Haus steht im Maggiatal.

Rechte Seite unten   Die alte Holzkonstruktion lässt tief blicken: Im Zentrum steht ein stählerner Kaminofen.

Unten   Einfriedungen gibt es in dieser Gegend traditionell nicht. Deshalb trennt eine Natursteinmauer den Atriumhof symbolisch von der freien Landschaft.

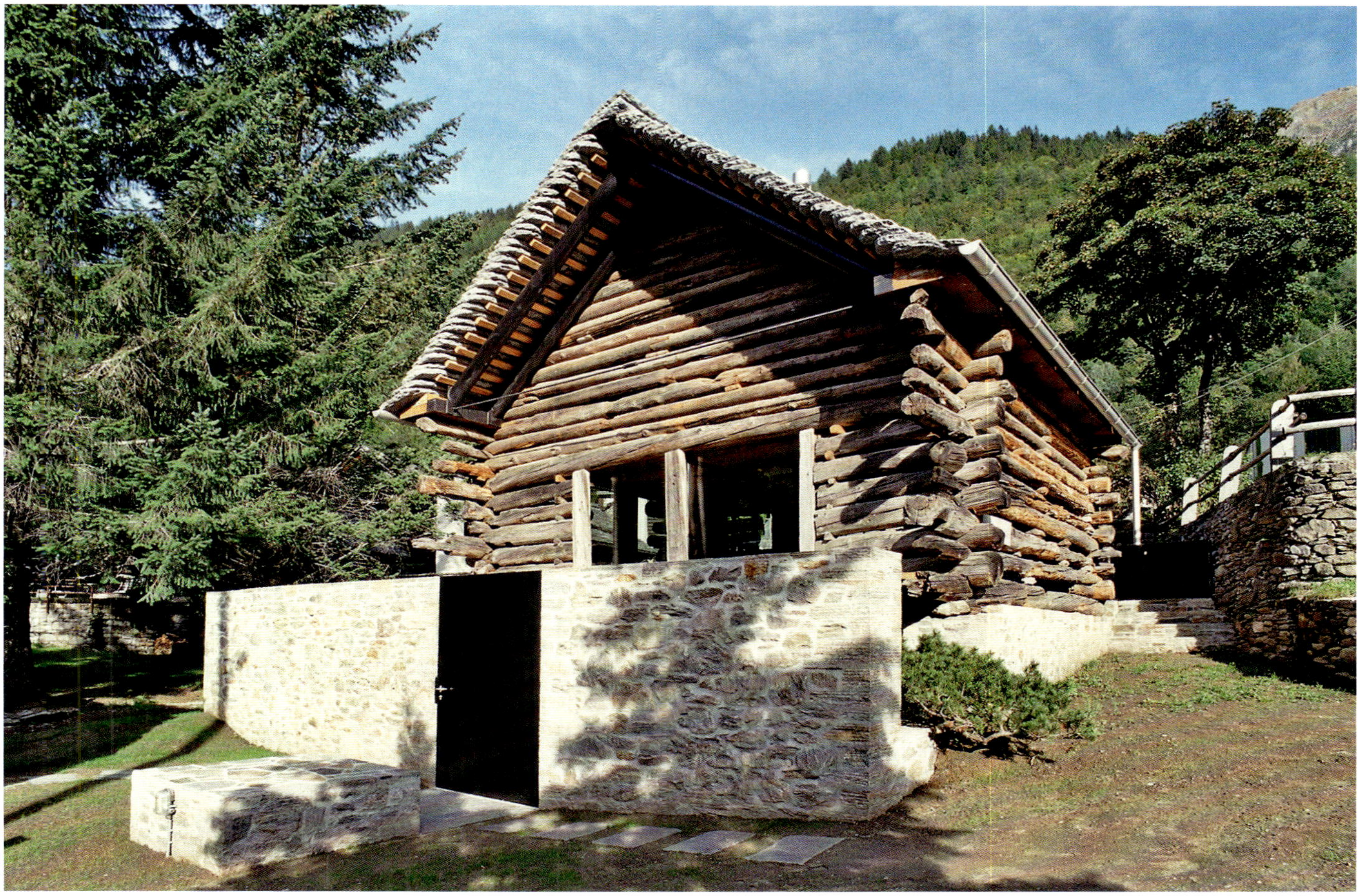

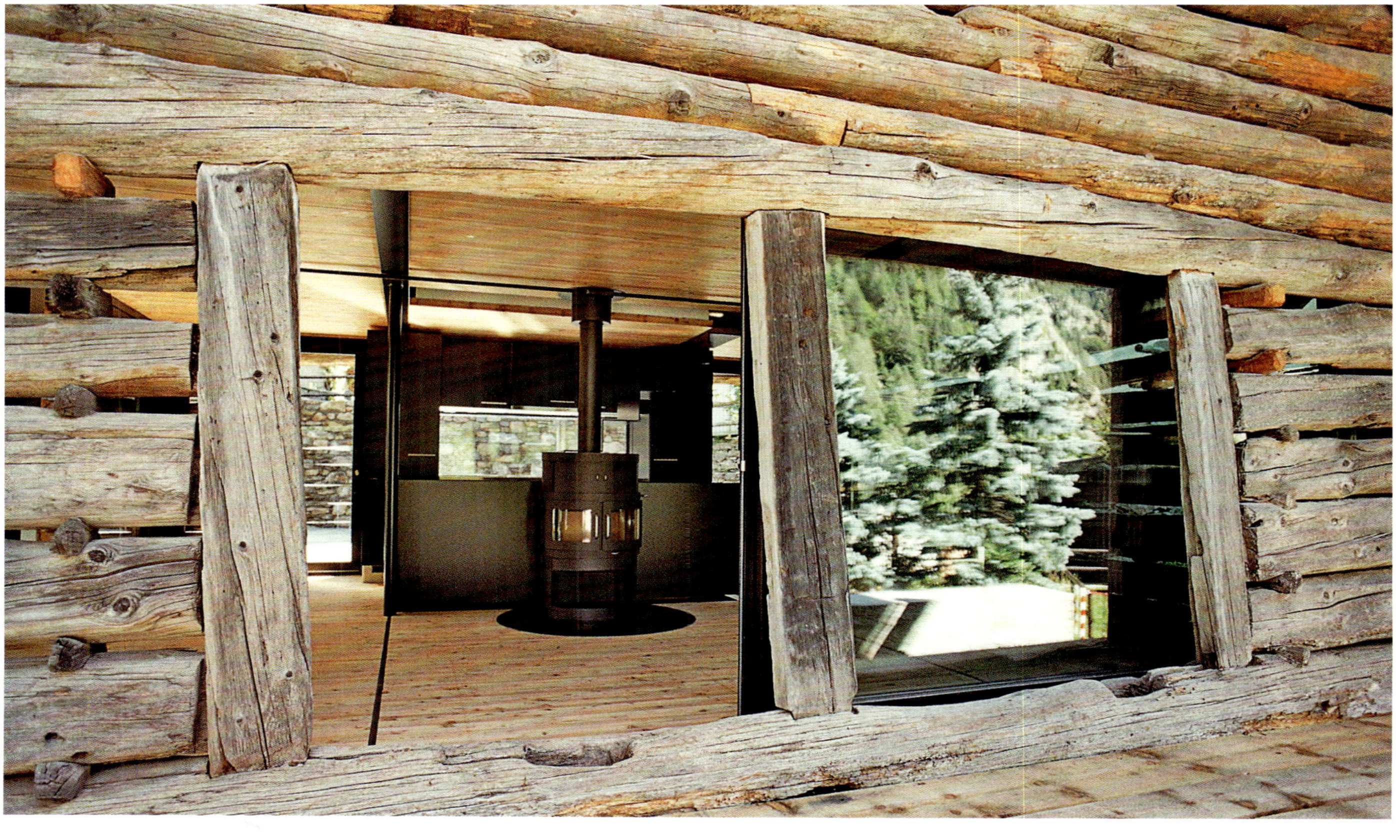

Das Erdgeschoss mit den Bereichen Kochen und Wohnen präsentiert sich als großer Raum. Die wenigen Materialien erzeugen eine fast schon klösterlich anmutende Atmosphäre – nicht als Ausdruck asketischen Lebensstils, sondern als Resultat eines respektvollen Umgangs mit dem Ursprünglichen, das auch neuen Komponenten Eigenständigkeit erlaubt.

Dachdeckung, Mauern und Wege sind aus dem Naturstein der direkten Umgebung gefertigt, großteils unter Verwendung der originalen Steine. Von Weitem ergibt sich der Eindruck, dieses Gebäude stünde schon seit Jahrhunderten unverändert da, wie eine kleine Fortezza, eine Festung – und genau das war die Intention des Architekten.

Oben   Holz, Stahl und Glas definieren den neuen Wohnraum. Spannend kontrastieren die filigranen Details des Innenraums mit den archaisch groben Holzbalken der ursprünglichen Konstruktion.

Unten   Ein Kran setzt die statisch gesicherte Originalkonstruktion auf das neu erstellte Untergeschoss. Anschließend wird die tragende Stahlkonstruktion implantiert.

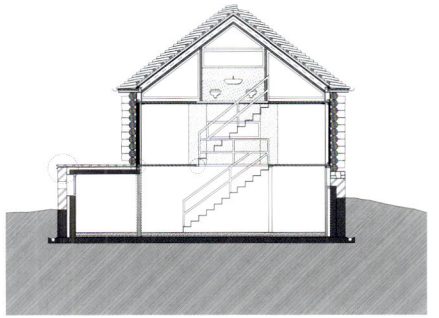
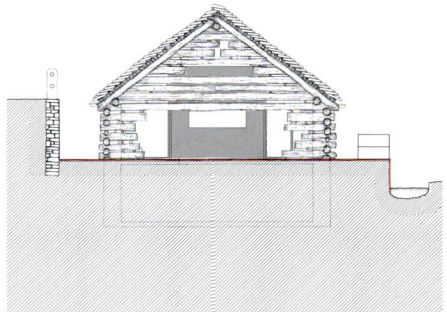
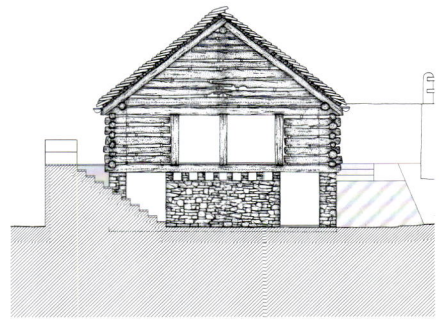

Schnitt

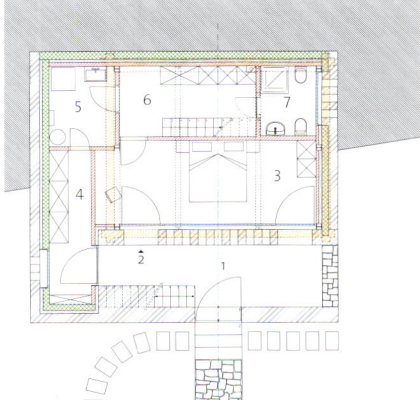
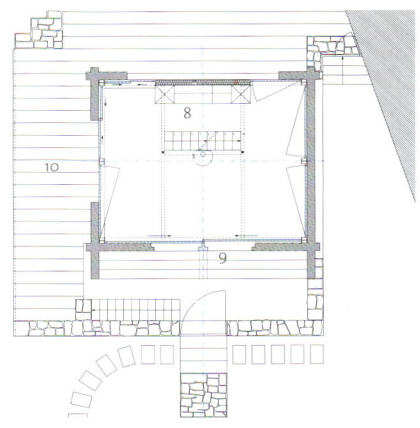
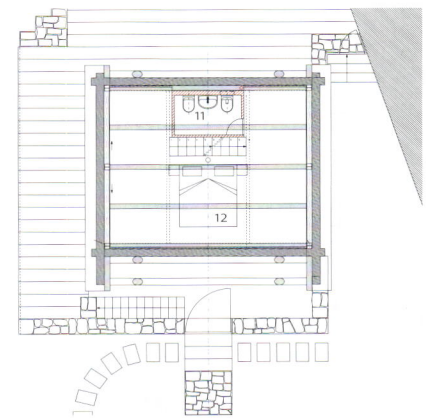

Untergeschoss   Erdgeschoss   Obergeschoss

1 Patio
2 Eingang
3 Schlafen
4 Abstellraum
5 Hauswirtschaft
6 Garderobe
7 Bad
8 Kochen/Essen/Wohnen
9 Balkon
10 Terrasse
11 Bad
12 Schlafen

>> Projektdaten

Standort	6695 Mogno, Schweiz
Architekt	Giovan Luigi Dazio, Locarno, Schweiz
Bauherren	Familie P.
Fotos	Giovan Luigi Dazio, Locarno, Schweiz
Wohnfläche	95 m², zusätzlich 12 m² Waschküche und Lager
Baujahr	1700
Umbau	2005 bis 2006
Anzahl der Bewohner	4
Energiekonzept	Heizung: Holzofen
	Wärmedämmung: Bestandsgebäude aus Natursteinsockel und Holz-konstruktion: neue innen liegende thermische Hülle mit 2-Scheiben-Wärmeschutz-Isolierverglasung; Dach: 15 cm Mineralwolle zwischen und 2 cm unter den Sparren
	Fenster: 2-Scheiben-Wärmeschutz-Isolierverglasung als Schiebelement und Öffnungsflügel

>> Kommentar des Architekten

Ich fühlte mich verpflichtet, ein gewisses Risiko auf mich zu nehmen, um nicht die außergewöhnliche Gelegenheit der Realisation eines Projektes zu verpassen, das von den Dimensionen her zwar klein, aber nicht wiederholbar ist. Bewusst schlug ich eine Sanierung vor, die nicht den traditionellen Schemata entspricht – als Huldigung an die regionale Architektur und als Chance für die Handwerker.

Aufgestockt

Der eingeschossige Bungalow aus den 1970er-Jahren war ursprünglich für eine kleine Familie konzipiert. Die Eigentümer wollten das Gebäude um zwei zusätzliche Wohnräume sowie ein Badezimmer erweitern und den Bestand entsprechend den aktuellen Wärmeschutzstandards sanieren.

Die fünfköpfige Familie zog während der Umbauphase für drei Wintermonate in ein nahe gelegenes Ferienhaus und ließ in dieser Zeit ein zusätzliches Geschoss in Holzrahmenbauweise auf ihren Bungalow setzen. Der enge Zeitrahmen war nur durch einen hohen Grad an Vorfertigung einzuhalten. Zimmerer fügten die neuen Wände in einer Werkhalle zusammen und hievten sie per Autokran auf die im Bereich der Aufstockung neu eingezogene Stahlbetondecke. Am gleichen Tag war auch schon alles justiert und verankert. Dank der Holzständerbauweise entfielen Trocknungszeiten für Mauerwerk und Putz. Die Wandkonstruktion ist zwischen den Holzständern gedämmt; außen dient eine hinterlüftete, zementgebundene Holzfaserplatte als Putzträger.

Rechte Seite   Im neuen Obergeschoss sind ein Kinderzimmer, das Bad sowie das Elternschlafzimmer untergebracht. Große, über Eck angeordnete Fensterflächen holen die Natur ins Haus.

Unten   Der zweigeschossige Teil setzt sich farblich ab, verleiht dem Gebäude und den geschützt liegenden Freibereichen einen mediterran-heiteren Grundton fern jeder Landhaus-Romantik.

Durch die Aufstockung entstanden zwei Gebäudeteile mit einer klaren Funktionstrennung von Schlafen und Wohnen. Der ursprünglich schmale Eingangsbereich neben der Küche wanderte in den nunmehr zweigeschossigen Bauteil und ist jetzt familiengerecht dimensioniert. Die seitliche Wand der Stahlbetontreppe bildet gleichzeitig Raumteiler und Sitzbank. Das Parkett aus amerikanischer Kirsche macht dieses Entree ausgesprochen wohnlich. Kein Wunder, dass die Kinder dort gerne spielen.

Die ehemalige Diele wurde der Küche zugeschlagen. Durch Entfernen der Wand zwischen Küche und Wohnzimmer entstand ein offener Wohnbereich. Einheitlich verlegte Solnhofener Platten, in Teilen ergänzt, unterstreichen den großzügigen Charakter.

Der aufgestockte Bereich ist klar und kubisch geformt. Die bewusst klein gehaltenen Fenster von Bad und Treppenhaus zeigen zur Nachbarseite, die großen Verglasungen des Elternschlafzimmers und des dritten Kinderzimmers orientieren sich zum südwestlich gelegenen Garten und zur Straße. Durch seinen farbigen Anstrich setzt sich der neue Baukörper mit den eher privaten Räumen deutlich vom Bestand ab.

Eine Zinkblechdeckung ersetzt die asbesthaltige Deckung des um fünf Grad geneigten Bungalowdaches. Sämtliche Fenster wurden erneuert. Platz wurde auch für einen Büroraum geschaffen: Der ehemalige Freisitz wurde verglast – mit unverbautem Blick auf die Felder lässt es sich hier besonders gut arbeiten.

Oben beide   Nach Entfernen einer Zwischenwand wurde die Küche um die ehemalige Diele erweitert und zum Essbereich geöffnet. Neu verlegte Solnhofener Platten ergänzen die vorhandenen.

Rechte Seite   Eine Sichtbetontreppe mit aufgesetzten Teakholzstufen prägt das großzügig bemessene Entree. Die Kinder nutzen es gerne als Ausweich-Spielzimmer.

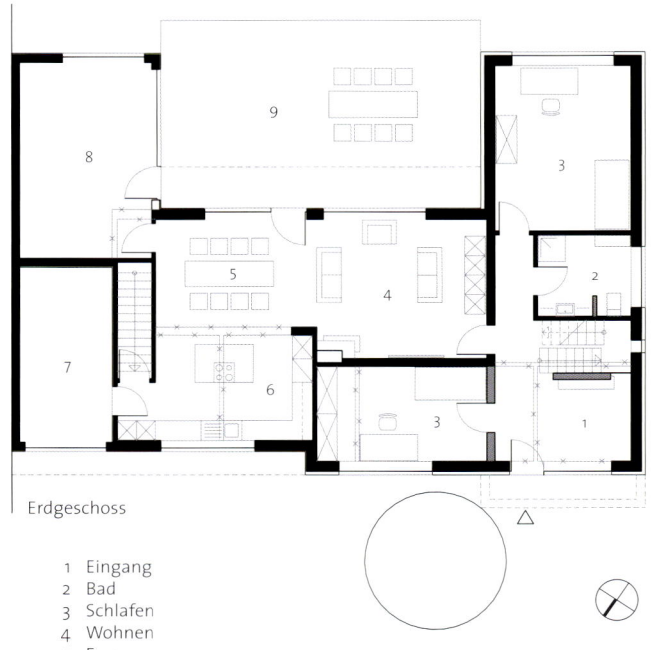

Erdgeschoss

1 Eingang
2 Bad
3 Schlafen
4 Wohnen
5 Essen
6 Kochen
7 Abstellraum
8 Wintergarten
9 Terrasse

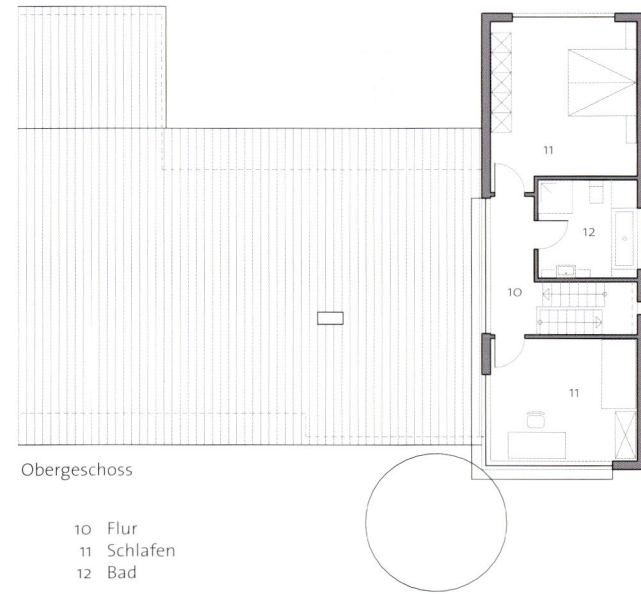

Obergeschoss

10 Flur
11 Schlafen
12 Bad

>> Projektdaten

Standort	48366 Laer
Architekten	db planungsgruppe, Steinfurt
Bauherren	Claudia und Georg Baldauf
Fotos	Bernhard Müller/www.journalfoto.de, Reutlingen
Grundstück	698 m²
Bebaute Fläche	189,16 m²
Wohnfläche	vorher/nachher: 107 m²/151 m²
Baujahr	1971
Umbau	2000
Anzahl der Bewohner	5
Baukosten	unter € 200 000
Eigenleistung	€ 5 000
Energiekonzept	**Heizung/Warmwasser:** vorhandene Ölheizung, Heizkörper und Fußbodenheizung im Wintergarten, Kaminofen, jährlicher Heizwärmebedarf 120 kWh/m²

Wärmedämmung: Außenwände (aufgestockter Bereich): 20 cm Mineralfaserdämmung (WLG 035) in den Holzrahmenwandelementen; die hinterlüfteten Putzträgerplatten sind als Außenhaut auch über die darunter liegenden Teile des EG gezogen und mit 6 cm Mineralwolle (WLG 035) hinterdämmt; Außenwände (restliches EG): Putz, 17,5 cm Hochlochziegel (Dämmung über Stein), Schalenfuge, 11,5 cm Verblendziegel; Dach: Pultdach mit Zinkblech auf Schalung und Holzkonstruktion mit Vollsparrendämmung, Flachdach mit Folienabdichtung über der Aufstockung

Fenster: Meranti-Holz, Wärmeschutz-Isolierverglasung, U-Wert 1,1 W/m²K

>> Kommentar der Architekten
Angesichts stetig steigender Heizkosten würden wir heute selbstverständlich den Einsatz alternativer Energieträger vorschlagen und gegebenenfalls eine Pelletheizung einbauen. Ansonsten gibt es im Detail immer Optimierungspotenzial.

Rechte Seite Das um fünf Grad geneigte Dach des Bungalows blieb in seiner Form erhalten. Zinkblech ersetzt die alte asbesthaltige Deckung. Der ehemalige Freisitz am Kopfende der Terrasse wurde verglast und dient jetzt als Büro.

Unten Die Gebäude-Rückseite während des Umbaus. Die Holzrahmenelemente sind auf den eingeschossigen Bestand gesetzt und werden demnächst mit Holzwerkstoff-Platten verkleidet, dann verputzt.

deephaus.architects, Wien

Minihaus auf Stelzen

Im Jahre 1928 schuf der Jugendstil-Architekt Heinz Rollig direkt an der Donau ein Strandbad-Ensemble aus 50 Saisonkabinen und drei Einraumhäusern. Das einzig verbliebene dieser hochwassersicher auf Stelzen gebauten Häuser ließen die Besitzer vom Architektenteam deephaus überarbeiten – als vollwertiges Domizil für die Sommermonate. Gemäß den strengen Vorgaben sollte die historische Substanz behutsam heutigen Bedürfnissen angepasst und dabei Stil sowie Materialien weitgehend übernommen werden.

Die nur 21 Quadratmeter kleine Wohnfläche steht in maximalem Kontrast zur Wiener Dachgeschosswohnung der Auftraggeber. Durch kluges Zonieren gelang es, Bereiche wie Bad, WC, Küche, Arbeiten und Schlafen so anzuordnen, dass immer noch ein Gefühl von Großzügigkeit herrscht. Geschickt gesetzte Fenster und die direkt angebundene Terrasse erweitern den Wohnraum in die Natur hinaus. Das WC wurde als nach oben hin offene Box implantiert; geduscht wird auf Kieselsteinen hinter einem Sichtschutz außerhalb des Gebäudes.

Die (Einbau-)Möbel nutzen die wenigen Platzreserven konsequent. Hohlräume unter dem Bett schlucken allerlei Hausrat – entweder offen als beleuchtetes Regal oder geschlossen in Form beweglicher Container. Auf kleiner Grundfläche lässt die L-förmig angeordnete Küchenzeile kaum Wünsche offen. Hier können sogar zwei Personen kochen, ohne sich im Wege zu stehen. Und wer ungestört arbeiten möchte, zieht einfach den Vorhang der mit Schreibtisch und Ablagen ausgestatteten Nische hinter sich zu.

Sinnvollerweise variierten die Architekten das auf zwei Tönen basierende Farbkonzept. Die schwarz lasierte Holzverschalung mit hellen Fensterrahmen blieb belassen, innen jedoch sind die einst dunklen Holzflächen der Wände und der Decke samt Balken weiß lackiert. In Verbindung mit den hellen Dielen und den Möbelfronten aus Weichholz wirkt der Raum optisch höher und weiter, als er eigentlich ist. Raffiniert gesetzte Kunstlichtinseln unterstreichen dies.

Insgesamt ein erstaunliches, aber auch leicht übertragbares Konzept – in einem Segment mit Zukunft: Aktuelle Entwürfe etwa für Gartenhäuser mit Wohn- bzw. Büronutzungen oder für Mikrohäuser als Studentendomizile beschäftigen sich erfolgreich mit ähnlichen Themen.

Rechte Seite beide   Dieses liebevoll sanierte und denkmalgeschützte Haus ist ein Kleinod. Auf wenig Fläche bietet es allen Komfort für unbeschwerte Sommermonate an der Donau.

Unten   Bringt Platz im Haus: Geduscht wird im Freien. Ein Sichtschutz aus Bambus, Matten auf Kieselsteinen – und bei Regen braucht man nicht einmal den Wasserschlauch.

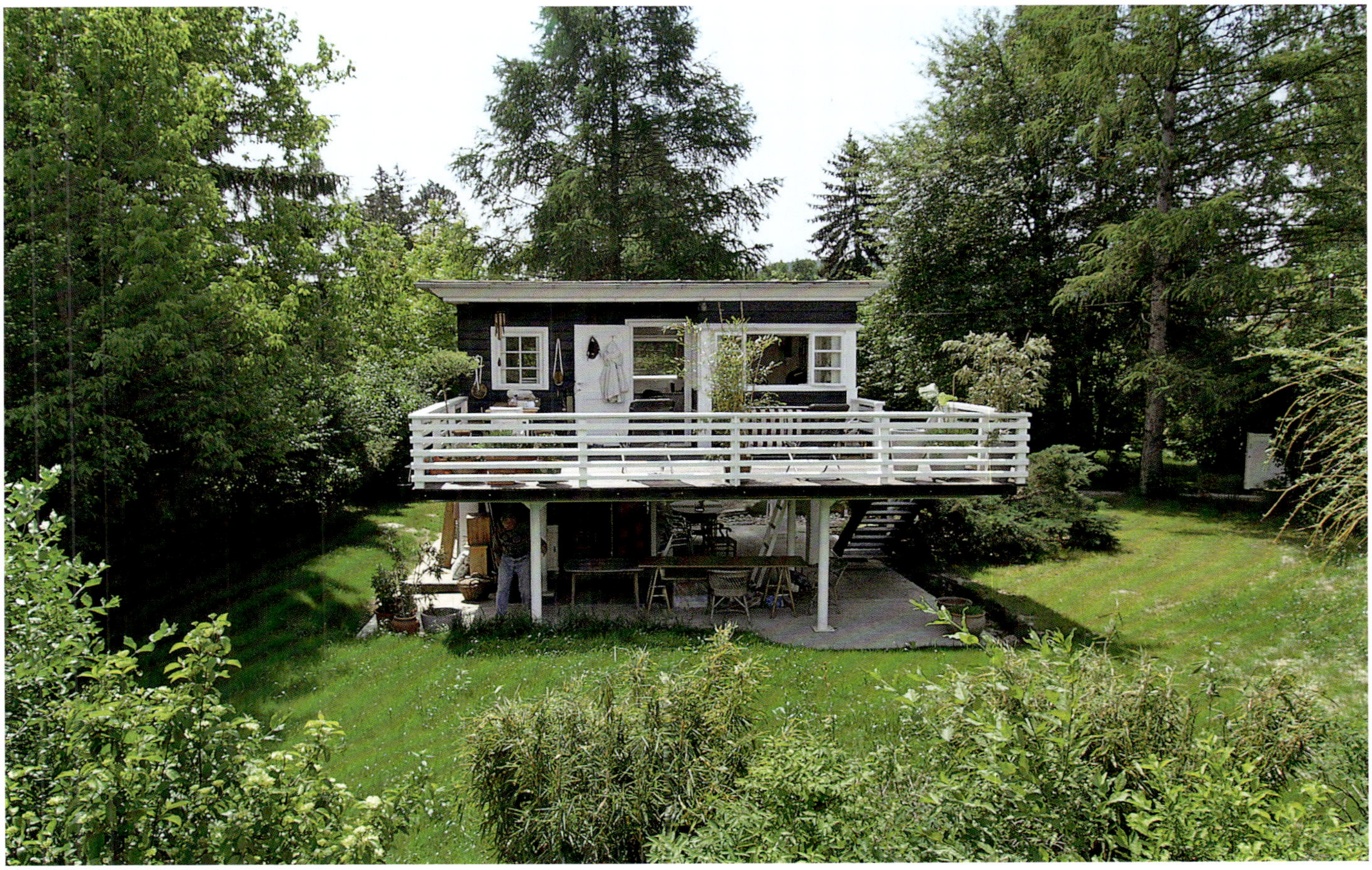

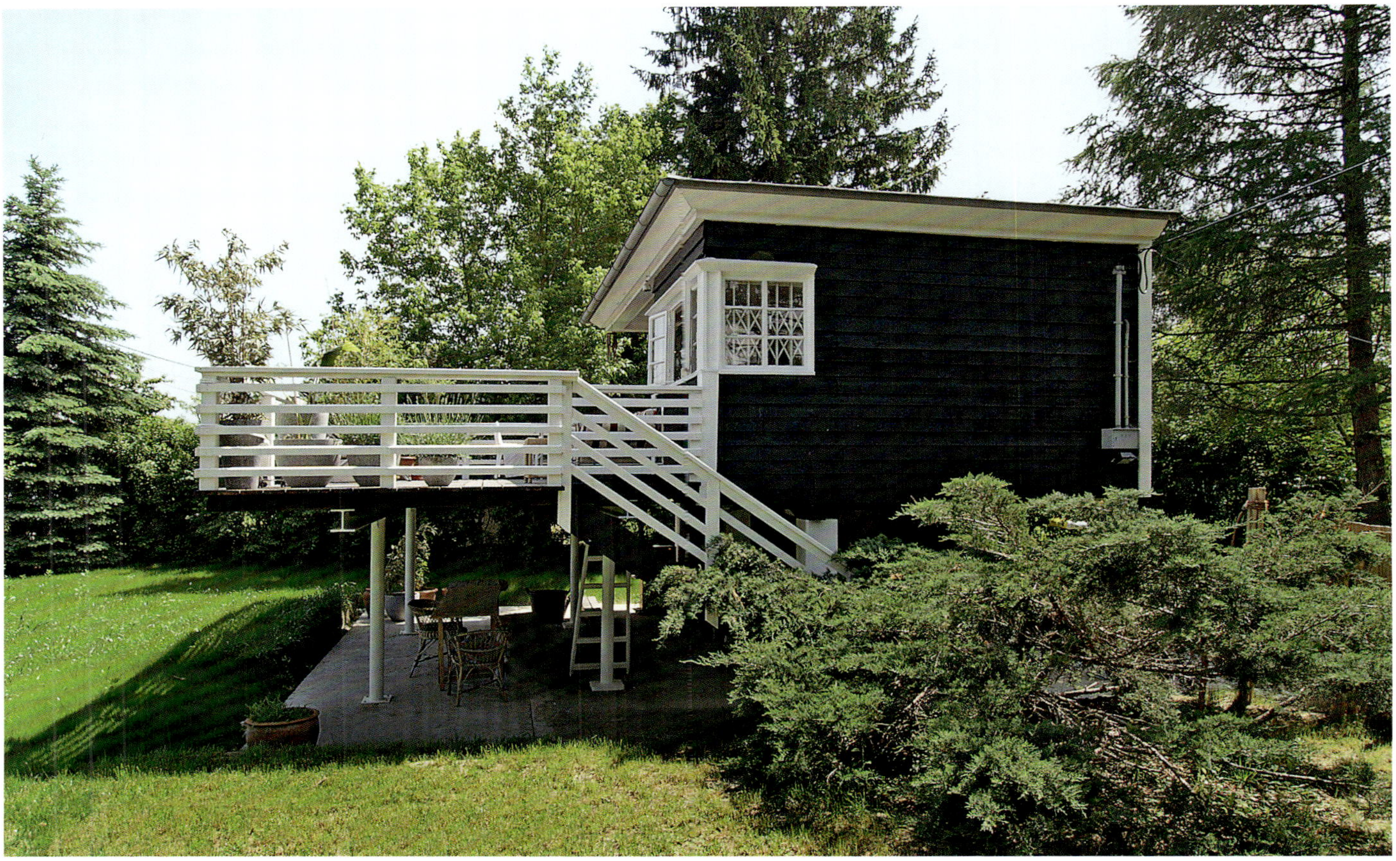

![Kitchen and bathroom interior]

Die glücklichen Bauherren genießen jetzt spektakuläre Donaumomente im Doppelpack: hier die wunderschöne Flusslandschaft bei Klosterneuburg, dort – ein paar Kilometer flussabwärts – die Großstadt aus der Vogelperspektive. Eine äußerst reizvolle Kombination!

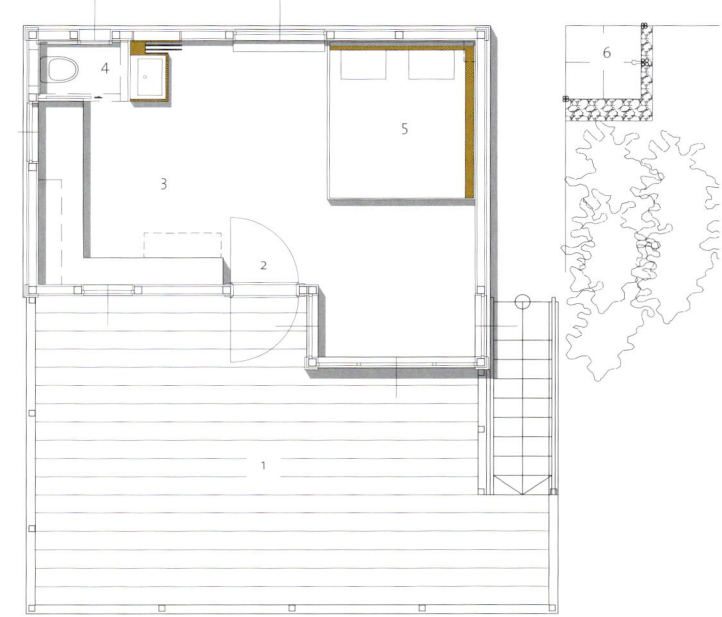

1 Terrasse
2 Eingang
3 Kochen
4 WC
5 Schlafen
6 Dusche

Grundriss

Linke Seite oben   Maximale Ergonomie auf minimalem Raum: Eine nach oben offene Box umschließt das WC, links daneben sind der Geschirrspüler und die Küchenzeile angeordnet, rechts war noch Platz für ein Waschbecken.

Linke Seite unten links   Selbst ein gut nutzbarer Arbeitsplatz ist vorhanden. Ein Vorhang verhilft bei Bedarf zu noch besserer Konzentration.

Linke Seite unten rechts   Indirekt beleuchtet: Das Bett in puristischem Umfeld bietet großzügigen Stauraum.

Unten   Vor dem Umbau. Die donaunahe Lage erforderte eine besondere Architektur. Von außen blieb das Gebäude unverändert.

Innenansicht

>> Projektdaten

Standort	3420 Kritzendorf bei Klosterneuburg, Österreich
Architekten	deephaus.architects, Wien, Österreich
Bauherr	Robert La Roche
Fotos	Michael Zehany, Wien, Österreich
Grundstück	ca. 980 m²
Bebaute Fläche	64,90 m²
Wohnfläche	21 m²
Baujahr	1928
Umbau	2004
Anzahl der Bewohner	2 (zeitweise)
Energiekonzept	Das Haus wird ausschließlich in den warmen Monaten des Jahres genutzt. Im Winter wird das Wasser abgedreht; es gibt keine Heizung, auch keinen Kamin. Es mussten also keine besonderen energetischen Maßnahmen getroffen werden. Außenwände: Holzkonstruktion mit doppelseitiger Holzbeplankung; Dach: Holzschalung, Sparren, Schalung, Dachdeckung **Fenster:** Holzfenster mit Einfachverglasung

>> Kommentar der Architekten

Bauherren sollten nur mit einem Architekturbüro kooperieren, das ihr ganz spezielles Lebensgefühl auch tatsächlich in Architektur umsetzen kann. Wir haben es genossen, die Zufriedenheit unserer Auftraggeber bei einem Essen am ersten Abend nach dem Umbau auf der Terrasse des Hauses zu teilen. Das war schlicht und einfach schön!

Volker Dörr, Basel

Entschachtelt

Im Stadtkern von Riehen bei Basel fallen die hervorragend renovierten historischen Gebäude Gartengasse 21 bis 27 sofort ins Auge. Einst als einheitliche Par-
zelle mit Bauernhof angelegt, ist dieses Ensemble seit Mitte des 17. Jahrhunderts
in einzelne Liegenschaften unterteilt. Damals war Haus Nummer 21, das wir hier
schwerpunktmäßig vorstellen, noch einstöckig; Kleinhandwerker, Fabrikarbeiter
und Tagelöhner bewohnten es. Sie hielten sich mühsam über Wasser und konnten
von Komfort nur träumen: 1815 teilten sich drei Familien mit insgesamt zwölf Personen den knappen Raum!

1978 beziehungsweise 2000 kaufte die Gemeinde die beiden desolaten Häuser Nummer 21 und 27. Sie beauftragte das im Auslobungsverfahren siegreiche
Architekturbüro Volker Dörr, Mietwohnungen mit hohem Standard einzubauen
und die Fassaden denkmalgerecht wiederherzustellen. Außerdem sollte ein Ver-
bindungsweg zwischen dem Ortszentrum und dem nördlich gelegenen Park über
das Grundstück geführt werden.

Ursprünglich bildeten die Häuser 21 und 25 eine Liegenschaft unter einem ge-
meinsamen Giebeldach. Haus 21 umgreift Haus 25 mit einem eigenwillig schmalen, langgezogenen und L-förmigen Grundriss mit aneinandergereihten Räumen
ohne Flur. Diese Enge sollte zugunsten eines offenen Raumkontinuums aufgelöst
werden.

Anbauen war aufgrund des zu erhaltenden Fassadenbildes nicht zulässig,
Reserven konnten also nur innerhalb der Kubatur erschlossen werden. Um eine
vernünftige Raumhöhe von 2,50 Metern zu erreichen, ließen die Architekten nach
Entfernen von Zwischenwänden den Fußboden im Erdgeschoss um 60 Zentimeter
absenken und die vorhandene Holzbalkendecke durch eine neue, höher angeordnete Stahlbetondecke ersetzen. Ergänzendes Ausbaupotenzial im Dachgeschoss
bot der frühere Heuboden. Der seitlich angedockte Schuppen wurde abgerissen,
zweigeschossig als gedämmte Holzständerkonstruktion neu erstellt und dem
Haus 21 als Wohnzimmer zugeschlagen.

Rechte Seite oben   Imposanter Luftraum
in der Gartengasse 27: Blick vom Dachgeschoss auf den Eingangsbereich.

Rechte Seite unten   Die Häuser 21 (links)
und 27 (rechts) der Gartengasse im historischen Stadtkern von Riehen.

Linke Seite und oben   Absenken der Böden beziehungsweise Anheben der Decken um insgesamt circa 60 Zentimeter ergab in Haus 21 spürbar mehr Raumvolumen. Das eingestellte Treppenmöbel schließt unter dem Dach mit einer scharfkantig geschnittenen Badbox ab.

Über das gesamte Erdgeschoss erstreckt sich ein großer Raum mit offener Küche, Essbereich und Treppe. Das Badezimmer ist in der Gebäudeecke als Box eingesetzt, die Dusche wird von oben durch einen Glasdeckel belichtet. Auch in das offene Dachgeschoss ist eine »Badbox« gestellt – dort als einzig abgeschlossener Bereich.

Die minimalistisch wirkenden Einbauten mit ihren weißen Oberflächen lassen die Räume hell und großzügig erscheinen, auch wenn die Fensteröffnungen entsprechend der Vorgaben des Denkmalschutzes klein bleiben und die Außenwände innenseitig gedämmt werden mussten.

>> Projektdaten

Standort	4125 Riehen, Schweiz
Architekt	Volker Dörr, Basel, Schweiz
Bauherren	Gemeinde Riehen
Fotos	Reinhard Zimmermann, Adliswil, Schweiz
Grundstück	148 m²
Bebaute Fläche	93 m²
Wohnfläche	vorher/nachher: 36,1 m²/89,2 m²
Baujahr	1547
Umbau	2003 bis 2005
Anzahl der Bewohner	3
Fördermittel	Das Schweizer Amt für Umwelt und Energie gewährte Förderbeiträge für Energieeffizienz (nachträgliche Dämmung von Fassade und Dach, neue Isolierglasfenster, wärmegedämmte Eingangstüren).
Energiekonzept	**Heizung/Warmwasser:** Röhrenheizkörper, Anschluss an das Fernwärmenetz des Wärmeverbunds Riehen (Transformer im Technikraum des Kellers von Gebäude 21), jährlicher Heizwärmebedarf ca. 144 kWh/m²
	Wärmedämmung: Außenwände: Innendämmung mit 4 cm Foamglasplatten; Dach: 2,5 cm Gipskartonplatten (zweifach), Lattung (Rost), Dampfsperre (Folie), Mineraldämmwolle in Sparrengefach, Lattung, Konterlattung, handgefertigte Biberschwanzziegel (teilweise recycelt)
	Fenster: Holzfenster RS 55 Typ Altstadt, Wärmeschutz-Isolierverglasung, U-Wert 1,0 W/m²K
	Haustüren: in gleicher Optik nachgebaut, isoliert

>> Kommentar des Architekten

Die Kombination aus altem Gebäude und Denkmalschutz kann sehr schnell kostenintensiv werden. Im Vorfeld unerlässlich sind deshalb exakte Bestandsaufnahmen des Gebäudes sowie ein ausführliches Protokoll, das die Risse und Schäden aller Nachbargebäude dokumentiert. Stellen Sie sich auf Überraschungen und intensive Verhandlungen ein!

Oben beide   Das Bad im ersten Obergeschoss von Haus 21 ist über zwei satinierte Glas-Schiebetüren zugänglich. Gekocht wird eine Etage tiefer, in klar funktional gestaltetem Ambiente.

Unten   Haus 21 hatte ursprünglich einen L-förmig gewinkelten Grundriss mit Einzelräumen, die ohne Gang nacheinander aufgereiht waren. Der Holzschopf wurde Teil des neuen Wohnkonzeptes.

Dachgeschoss

1 Eingang
2 Schlafen
3 Bad
4 Kochen
5 Essen
6 Wohnen
7 Schuppen
8 Bad
9 Schlafen
10 Abstellraum
11 Luftraum

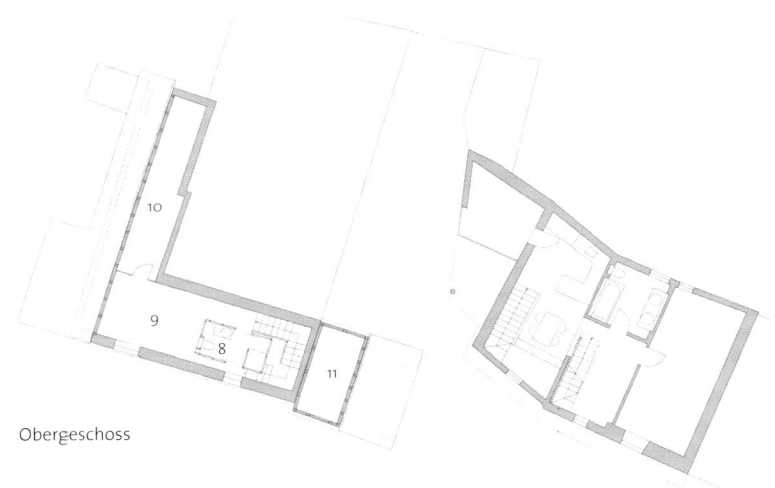

Obergeschoss

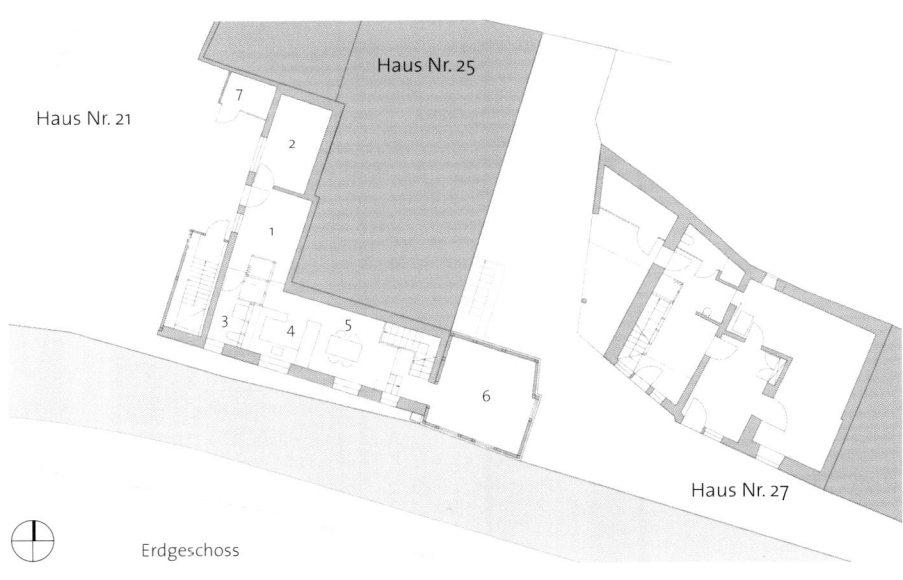

Haus Nr. 21

Haus Nr. 25

Haus Nr. 27

Erdgeschoss

Martin Endhardt, Günzburg

Denkmalgeschütztes Passivhaus

Als Teil eines denkmalgeschützten Ensembles direkt an der Stadtmauer in Günzburg gelegen, sollte dieses dreigeschossige Gebäude aus dem 18. Jahrhundert zum innerstädtischen Wohnhaus für eine Familie mit zwei Kindern werden. Neben den Ansprüchen an den Energieverbrauch im Rahmen des Passivhausstandards mussten die Vorgaben des Denkmalschutzes in die Planungen einbezogen werden.

Um im Erdgeschoss eine ausreichende Raumhöhe zu erzielen, waren Unterfangungen im Gewölbekeller notwendig. Diese ermöglichten gleichzeitig das Einbringen einer fehlenden Trennlage gegen aufsteigende Feuchtigkeit. Das Erdgeschossniveau wurde tiefer gelegt und die Wände sehr aufwändig abschnittsweise unterfangen sowie thermisch getrennt, um alle Wärmebrücken beheben zu können.

Die Außenwände im Erdgeschoss erhielten eine beidseitige Dämmung. Ab dem ersten Obergeschoss kragen die Fachwerkwände teilweise über die Wand im Erdgeschoss aus. Hier wurden die alten Ausfachungen aus Mauerwerk entfernt und durch 16 Zentimeter starke, nicht brennbare Mineralschaumplatten ersetzt. Zusätzlich erhielt die Fachwerkkonstruktion eine ebenfalls 16 Zentimeter starke Aufdoppelung. Jetzt ist sie geschützt, aber nicht mehr sichtbar.

Die alten Bestandsfenster mit ihren zierlichen Profilen und der Einscheibenverglasung erfüllten nicht die notwendigen Anforderungen an Luftdichtheit und Wärmedämmung im Passivhausstandard, sollten jedoch erhalten bleiben. Sie wurden ausgebaut, fachgerecht restauriert und anschließend in die äußere Dämmebene gesetzt. In Kombination mit neuen, zusätzlichen Fenstern mit Dreifachverglasung auf der Innenseite können nun die erforderlichen Werte erfüllt werden.

Neue Details und Materialien in den Innenräumen wurden in reduzierter Formensprache ausgeführt, um den ursprünglichen Charakter des Gebäudes zu erhalten. Aufgrund der minimalen Grundfläche befindet sich in jedem Geschoss lediglich ein Aufenthaltsraum mit drei Fenstern zur Südseite sowie eine kleine Nebenzone für Erschließung und Bad. Im Erdgeschoss sind die Erschließung und der Wohn-Essbereich aufgehoben. Hier wurde ein deutlich großzügigerer Raumeindruck geschaffen.

Rechte Seite und unten   Das ist Lebensqualität: Familie Endhardt vor ihrem ehemaligen Arme-Leute-Haus in der Fußgängerzone der schwäbischen Stadt Günzburg. Wenige Meter vis-à-vis des aus der Barockzeit stammenden Gebäudes liegt das Büro des Bauherren.

Links Als gelernter Schreiner war es für den Bauherrn eine Herausforderung, Mobiliar für die knappen Verhältnisse zu kreieren: Diese Schlafstätte lässt sich sogar zu einem Doppelbett aufklappen.

Rechte Seite Ausgetüftelt: Um in den Keller gelangen zu können, muss zuerst ein Teil der ins Obergeschoss führenden Treppe nach oben geklappt werden. Seitlich in den Treppenschrank integrierte Auszüge bieten Platz für Schuhwerk.

Unten beide Der Boden im Erdgeschoss liegt jetzt tiefer. Die Wände wurden mit zehn Zentimeter dickem Dämmstoff aus geschäumtem Glas statisch tragend unterbaut. Eine begehbare, transparente Scheibe mit untergeklebtem Isolierglas schließt die Kellerluke.

Dieses Beispiel zeigt eindrucksvoll, dass sich auch sehr alte Gebäude nach heutigem Standard sanieren und bewohnen lassen. Die Ausführung eines Gebäudes im Passivhausstandard ist in jedem Fall von einem Fachplaner zu prüfen.

Links   Moderne (Innen-)Architektur-elemente kombiniert mit alter Substanz – eine funktionale Synthese in hoch wärmegedämmter Hülle. Die Außen-wanddämmung misst im Mittel circa 40 Zentimeter.

Rechte Seite oben   Teil der neuen Trag-struktur des Dachstuhles sind Konstruk-tionsholz-Sparren und ein Ringanker aus Leimbindern. Passivhaustaugliche Fenster und Aufdachdämmung sorgen für einen sehr niedrigen Wärmedurchgangskoeffi-zienten.

Unten   Das dreigeschossige Haus ist Teil eines denkmalgeschützten, entlang der Stadtmauer gebauten Ensembles. Für die Zeit typisch: das vorkragende zweite Obergeschoss. Die alten Fenster wurden ausgebaut und restauriert.

>> Projektdaten

Standort	89312 Günzburg
Architekt	Martin Endhardt, Günzburg
Bauherren	Familie Endhardt
Fotos	Bernhard Müller/www.journalfoto.de, Reutlingen
Grundstück	53,40 m²
Bebaute Fläche	40,71 m²
Wohnfläche	94 m²
Baujahr	18. Jahrhundert
Umbau	1999 bis 2001
Anzahl der Bewohner	4
Baukosten	€ 1 320/m²
Eigenleistung	ca. € 35 000 inkl. Planungsleistungen
Energiekonzept	**Heizung/Warmwasser:** kontrollierte Lüftungsanlage mit Wärme-tauscher, elektrische Fußbodenheizung unter Natursteinboden, Pellet-ofen, Passivhausstandard/jährlicher Heizwärmebedarf ca. 15 kWh/m²

Wärmedämmung: Außenwände: 16 cm WDVS (WLG 040), zusätzliche Innenbeplankung mit OSB-Platten; Innenwände EG: zusätzlich 8 cm (WLG 045); Dach: Aufdachdämmung mit 14 cm PU-Platten (WLG 025); Zwischendämmung mit 6 cm PU-Platten zwischen der Konterlattung

Fenster: Bestandsfenster mit Einfachverglasung, zusätzlich innenseitig neue Fenster, die Öffnungen wurden in die OSB-Beplankung geschnit-ten und nur punktuell über Konstruktionshölzer an der Innenschale be-festigt, der innenbündig gesetzte Fensterblock ermöglicht die optimale Abdichtung mit Klebebändern, Dreifachverglasung, U-Wert 0,8 W/m²K

>> Kommentar des Architekten
Luftdichtheit zu erzielen ist bei der Sanierung zum Passivhaus mit der schwierigste Faktor. Das Ergebnis muss von Zeit zu Zeit überprüft werden, da die Fachwerkkonstruktion weiterer Verformung unterworfen sein dürfte: Ins Dach würden wir heute eine Vakuumdämmung einbringen.

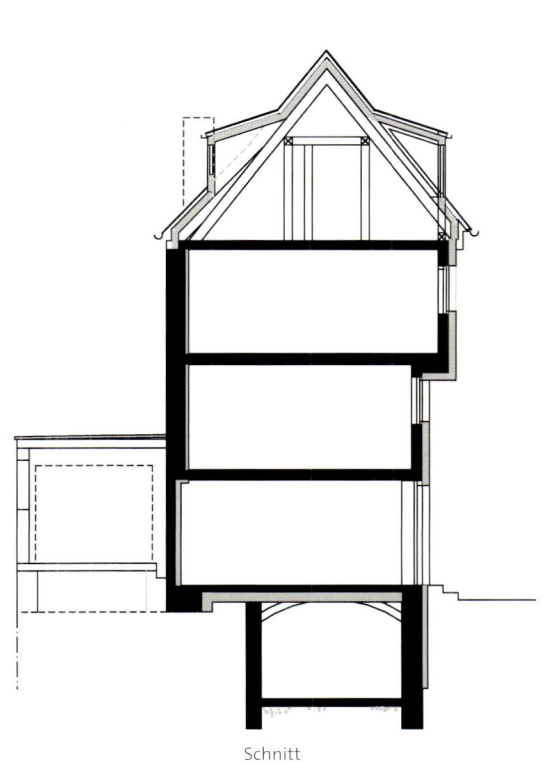

Schnitt

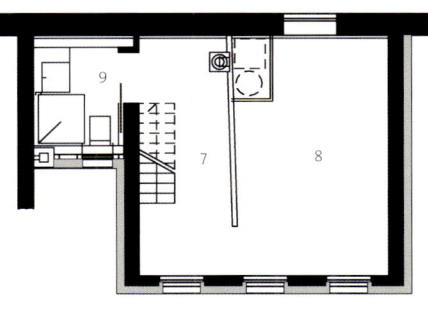

2. Obergeschoss

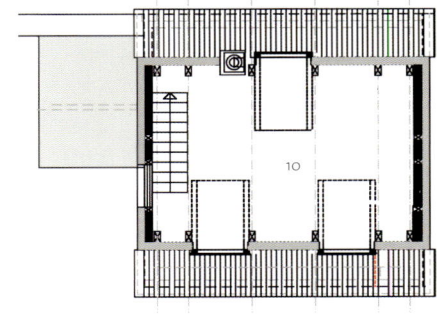

Dachgeschoss

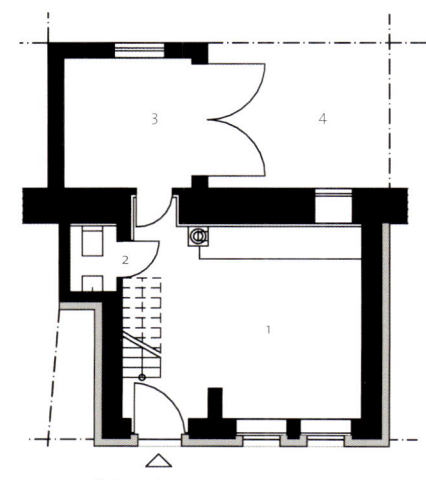

Erdgeschoss

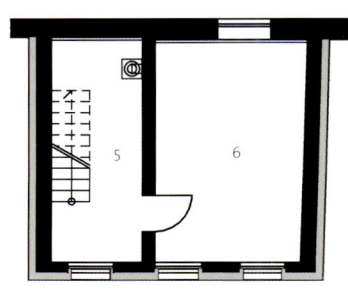

1. Obergeschoss

1 Kochen/Essen
2 WC
3 Wintergarten
4 Terrasse
5 Flur
6 Schlafen
7 Flur
8 Wohnen
9 Bad
10 Schlafen

Das Grundstück ausgereizt

Für den Projektarchitekten Sebastian Schmid war die von Josef Frank und Erich Faber in den 1920er-Jahren geplante Werkbundsiedlung noch aus Studienzeiten ein Begriff. Die per Los vergebenen 284 kleinen Wohneinheiten bildeten den konzeptionellen Gegenpol zu diversen Wiener Großprojekten der Zeit zwischen den beiden Weltkriegen.

Heute zeichnet sich dieses Wohngebiet durch seine hervorragende Infrastruktur und direkte U-Bahn-Verbindung ins Zentrum der Donaumetropole aus. Die umweltfreundliche Perspektive, kein Auto zu benötigen, förderte den Entschluss der vierköpfigen Familie Schmid, einen der abgewohnten Reihenhaus-»Rohlinge« zu kaufen und gemäß der strengen Genossenschaftsvorgaben heutigen Standards anzupassen.

Doch die Substanz hatte erhebliche Mängel: feuchtes Mauerwerk durch schlechte Horizontalabdichtung, direkt auf dem gestampften Erdreich liegender Holzboden, winzige Fenster – schon damals war Energiesparen ein Thema – und veraltete Grundrisse. Erschwerend kam hinzu, dass die Straßenfassade ihr Erscheinungsbild behalten musste. Nur im Garten gab es Erweiterungspotenzial.

Parallel zum Sanieren des Bestands ersetzten die Architekten das Wirtschaftsgebäude durch einen 3,50 Meter breiten und 10 Meter langen massiv ausgeführten Neubau, der im Erdgeschoss die Küche, einen Wirtschafts- und einen Heizraum beherbergt. Statisch bedingt, besteht dessen verkürztes Obergeschoss mit dem Schlafzimmer und einer Ankleide aus einer leichten Holzriegelkonstruktion. Außen spiegelt sich der Materialwechsel in den waagerecht verlaufenden Lärchenholzleisten wider.

Die rückwärtige Fassade erhielt einen vier Meter breiten Wanddurchbruch, dem ein Anbau mit verglastem Dach vorgesetzt ist. Im Winter bringt das passiven Energiegewinn und ganzjährig Tageslicht bis tief in den Wohnbereich des Hauptgebäudes. Bei geöffneten Fenstertüren verschmelzen der Essbereich und die mit Holzrosten belegte Terrasse zu einer innenhofartig geschützten Einheit.

Hohen Stellenwert für die Auftraggeber hatte die bauphysikalische Sanierung des Anwesens. Wärmedämmung und Solarkollektoren waren obligatorisch, zudem arbeitet im Heizraum des nicht unterkellerten Neubaus ein ganz besonderes

Rechte Seite beide   Die großen Glasflächen bringen passiven Energiegewinn. Vollwärmeschutz und ein Pelletofen senken die Heizkosten des in den schmalen Garten erweiterten Hauses. Eine leichte, gedämmte Holzriegelkonstruktion bildet das Obergeschoss des zehn Meter langen Zubaus.

Unten   Wie früher: Das straßenseitige Erscheinungsbild des Wiener Siedlungshauses durfte nicht verändert werden. Sonst wäre das Vergrößern der Fensteröffnungen eine Option gewesen.

Stück Technik: ein Holzpellet-Kessel, der sich seinen Nachschub an Heizmaterial per Vakuumsaugsystem aus dem Pellettank unter der Terrasse holt. Für stimmungsvolle zusätzliche Beheizung sorgt der Kaminofen im Wohnzimmer: Mit Wärmespeichermodulen ausgestattet, passt er perfekt ins ökologische Konzept.

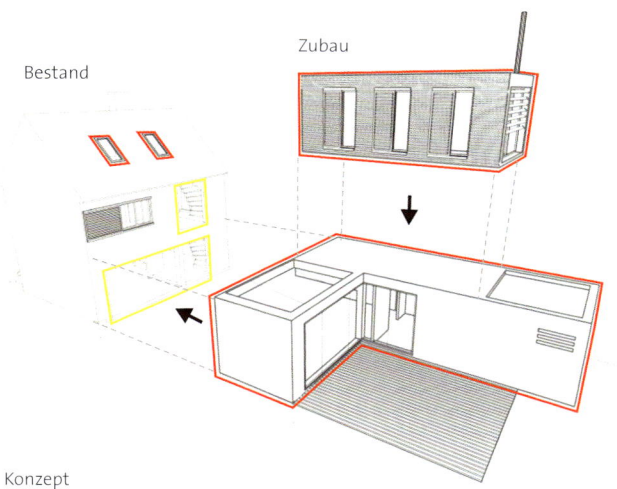

Bestand

Zubau

Konzept

Oben beide Ein Kamin mit Wärmespeichermodulen steht im Zentrum des offenen, gut belichteten Wohnbereiches. Holz, als nachwachsender Rohstoff wunschgemäß großzügig eingesetzt, ist optisch allgegenwärtig.

Links Die addierten Volumina vergrößern die Wohnfläche um 90 Quadratmeter. Im Erdreich unter der Terrasse sitzt ein zwölf Kubikmeter Holzpellets fassender Tank.

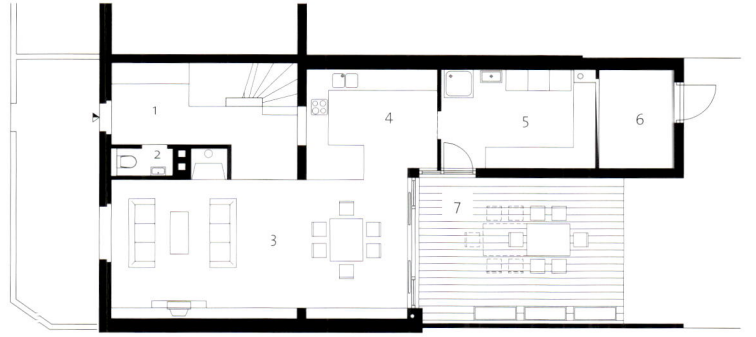

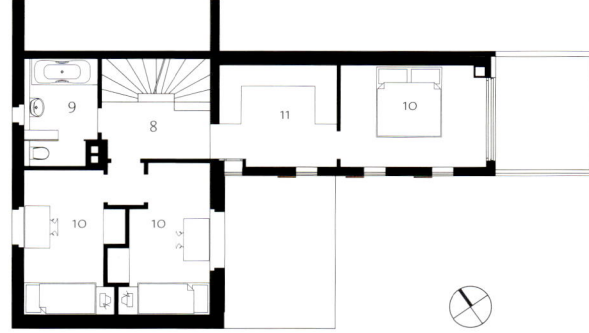

Erdgeschoss   Obergeschoss

1 Eingang
2 WC
3 Essen/Wohnen
4 Kochen
5 Hauswirtschaft/Bad
6 Gartenlager
7 Terrasse
8 Flur
9 Bad
10 Schlafen
11 Ankleide

Unten Das nach Südwesten orientierte Grundstück ist 7,80 Meter breit und 50 Meter lang. Auf dem westlichen Ende steht das zu modernisierende Haus; der rechts angeschnitten zu sehende Wirtschaftstrakt war nicht mehr nutzbar und wurde abgerissen.

>> Projektdaten

Standort	1120 Wien, Österreich
Architekt	ex.it architektur, Wien, Österreich
Bauherren	Familie Sch.
Fotos	Franz Ebner, Wien, Österreich
Grundstück	400 m²
Bebaute Fläche	94 m²
Wohnfläche	vorher/nachher: 70 m²/160 m²
Baujahr	1921
Umbau	Februar 2005 bis Dezember 2007
Anzahl der Bewohner	4
Baukosten	ca. € 200 000
Eigenleistung	ca. 1 000 Arbeitsstunden
Energiekonzept	**Heizung/Warmwasser:** Pelletkessel 10 kW mit Saugsystem, 12 m² Pellet-Erdlagertank unter der Terrasse, Kaminofen mit Wärmespeichermodulen, 138 m² Fußbodenheizung, 7 m² Solarpaneele für die Warmwasseraufbereitung
	Wärmedämmung: Außenwände Bestand: 8 cm Mineralwolle, U-Wert gesamtes Bauteil 0,38 W/m²K; Massivwand Anbau: 6 cm Mineralwolle, U-Wert gesamtes Bauteil 0,46 W/m²K; Holzwand Anbau: 16 cm Mineralwolle, U-Wert gesamtes Bauteil 0,23 W/m²K; Dach: Satteldach Bestand: Zwischensparrendämmung 16 cm; Flachdach Neubau: Wärmedämmung 16 cm auf Vollholzschalung, raumseits 16 cm Zwischensparrendämmung (Mineralwolle)
	Fenster: Dreischeiben-Verglasung

>> Kommentar des Architekten
Vor Ort sorgte das Lkw-Fahrverbot für schwierige Bedingungen, dennoch lief letztlich alles glatt. Das zeigte uns mal wieder: Alte, kleine Siedlungshäuser haben großes Potenzial. Und klug getätigte Investitionen in diese Objekte lohnen sich immer. Ist eine Siedlungsgenossenschaft für das Gebäude zuständig, sollten Bauherren im Vorfeld intensive Gespräche mit den Verantwortlichen führen und detailliert ihre eigenen Vorstellungen und Absichten darlegen.

Annette Galinski und Robert Sittinger, Ludwigsburg

Klein und fein

In diesem Reihenmittelhaus aus den 1920er-Jahren, in der Barockstadt Ludwigsburg im begehrten Weststadtviertel mit guter Infrastruktur gelegen, versammelte sich regelmäßig die große Familie um die Großmutter. Als diese 2004 ins Altersheim zog, wollte sie ihr langjähriges Zuhause verständlicherweise innerhalb ihrer Familie weitergeben. So bot sich für die Enkelin Christin Wirth die Möglichkeit, innenstadtnah im eigenen Haus und in vertrauter Umgebung zu leben.

Die rund 85 Quadratmeter Wohnfläche auf zwei Etagen wurden über die Jahre den jeweiligen Bedürfnissen angepasst. So war die Küche, zweckmäßig zum ehemaligen Wirtschaftsgarten hin ausgerichtet, mit einem Bad-Einbau versehen worden. Die Schlaf- und Aufenthaltsräume orientierten sich zur stark frequentierten Allee, der Dachraum wurde als Lager genutzt. Wunsch der Bauherrin war ein behutsamer Umbau, der das Haus – auch energetisch – langfristig sinnvoll nutzbar machen sollte. Ein befreundetes Architektenpaar sollte nach eingehender Bestandsaufnahme das Potenzial des kleinen Hauses mit großem Garten ausloten, ein Energieberater den Umfang der energetischen Maßnahmen für die Beantragung eines Darlehens des KfW-CO2-Gebäudesanierungsprogramms festlegen.

Die Architekten Annette Galinski und Robert Sittinger krempelten in ihrer Planung das gerade einmal 5,30 Meter breite Haus gründlich um, denn die Bauherrin wollte für sich vielseitige Nutzungsmöglichkeiten sowie von der belebten Straße abgekehrte und zum ruhigen Garten hin ausgerichtete Wohnräume. So wurde aus dem straßenseitigen Wohnraum im Erdgeschoss eine großzügige Küche mit altem Dielenboden, von der aus man das bunte Treiben vor dem Fenster gut im Blick hat. Durch Entfernen der Trennwände im hinteren Gebäudeteil konnte die Küche in L-Form mit einem Ess-Wohnbereich verbunden werden. Von dort führen zwei bodentiefe Fenster mit Flügeltüren auf die vorgelagerte neue Holzterrasse und tiefe Stufen in den herrlichen, teilweise ursprünglich belassenen und liebevoll ergänzten Garten. Da im Erdgeschoss ein separates Gäste-WC untergebracht werden sollte, wurde zwischen Flur und Küche eine »Serviceschiene« mit WC, Garderobennische und einem von der Küche aus zugängigen Abstellraum eingefügt. Der Terrazzoboden im Flur wurde aufgearbeitet und glänzt nun mit seinen opti-

Rechte Seite und unten   Nach dem Umbau bietet das schmale Reihenhaus hohen Wohnwert bis unters Dach. Die vorgelagerte Terrasse mit Sitzstufen erschließt den idyllisch angelegten Garten.

schen und pflegeleichten Eigenschaften. Geschliffen und lackiert kam auch der warme Holzton der Treppe wieder zum Vorschein.

Im Obergeschoss erhielt ein weiterer Wohnraum eine neue Funktion: Als »Geräuschepuffer« hielt hier ein großzügiges Bad Einzug. Durch eine Schiebetür gelangt man in den im Trockenbau erstellten Ankleidebereich und von dort in das Schlafzimmer. Auch hier eröffnet ein vergrößertes bodentiefes Fenster den Blick ins Grüne. Auf dem circa 45 Quadratmeter großen Grundriss findet sogar noch ein Arbeitszimmer Platz.

Das Dachgeschoss kam durch seinen Ausbau samt akustischer Verbesserung der seitlichen Trennwände zu den Nachbarn hin zu besonderen Ehren: Hier hat Frau Wirth ein zweites Wohnzimmer mit Ausblick auf die Dächer und umliegenden Gärten eingerichtet. Gäste, die gerne einmal länger zu Besuch bleiben, können hier problemlos übernachten und sich zurückziehen. Das Gasbrennwertgerät für die Heizung ist in einem separaten Technikbereich im Drempel der Dachschräge untergebracht: So werden kurze Abluftwege genutzt.

Durch die Sanierung, die Fachfirmenleistung und handwerkliches Geschick des Bauteams der Bauherrin kombiniert, hat das voll unterkellerte Wohnhaus circa 23 Quadratmeter gewonnen und bietet jetzt auf rund 108 Quadratmetern, verteilt auf vier Räume und viel Stauraum, eine hohe Wohnqualität in zentraler Lage.

Oben links   Zwischen Küche und Flur fügten die Architekten in Trockenbauweise eine »Serviceschiene« ein; die Garderobennische ist von beiden Seiten aus zugänglich, Richtung Wohnzimmer ordnet sich ein Abstellraum an.

Oben rechts   Voller Durchblick: Von der Hauseingangtür fällt der Blick durch das in Sichtachse angeordnete, bodentiefe Fenster auf den Garten. Der Terrazzo-Bodenbelag im Eingangsbereich wurde aufgearbeitet.

Rechts Mit tollem Ausblick: Der vormals als Lager genutzte Dachraum dient jetzt als Gäste- und zweites Wohnzimmer. Durch großformatige Dachflächenfenster fällt üppig Licht herein.

Unten Das Wohnzimmer ist jetzt dem Garten zugeordnet, nach Entfernen von Zwischenwänden bildet es mit der Küche L-förmig ein offenes Raumkontinuum.

Bestand
Abriss
Neubau

Erdgeschoss   Obergeschoss   Dachgeschoss

1 Eingang/Flur   7 Flur
2 WC   8 Bad
3 Kochen   9 Ankleide
4 Abstellraum   10 Schlafen
5 Essen/Wohnen   11 Arbeiten
6 Terrasse   12 Studio
                       13 Abstellraum/Heizung

Rechte Seite   So einen Garten können die meisten neu gebauten Häuser nicht bieten. Solche in vielen Jahren eingewachsenen Außenanlagen sind auch ein handfestes Argument für den Kauf gebrauchter Immobilien.

Unten   Früher orientierten sich die Wohnräume zur Straße hin. Die Architekten krempelten die Grundrisse komplett um.

>> Projektdaten

Standort	71636 Ludwigsburg
Architekten	Annette Galinski und Robert Sittinger, Ludwigsburg
Bauherrin	Christin Wirth
Fotos	Bernhard Müller/www.journalfoto.de, Reutlingen; Thomas Rupp, Ludwigsburg
Grundstück	291 m²
Wohnfläche	vorher/nachher: 85 m²/108 m²
Baujahr	1921
Umbau	Juni bis November 2005
Anzahl der Bewohner	1
Baukosten	ca. € 70 000 zzgl. Baunebenkosten
Eigenleistung	2 Personen Vollzeit über 6 Monate
Fördermittel	KfW-Programm CO2-Gebäudesanierung
Energiekonzept	Heizung/Warmwasser: Gasbrennwerttherme, jährlicher Heizwärmebedarf ca. 31 kWh/m², Solarkollektoren zur Brauchwassererwärmung
	Wärmedämmung: Außenwände: 10 cm Vollwärmeschutz; Dach: 20 cm Zwischen- und Untersparrendämmung; Kellerdecke: 6 cm Dämmplatten
	Fenster: Holzfenster mit 2-Scheiben-Wärmeschutz-Isolierverglasung
	Haustür: Holztür mit 2-Scheiben-Wärmeschutz-Isolierverglasung

>> Kommentar der Architekten

Nachdem wir uns das Haus umfassend angesehen hatten, konnten wir Frau Wirth das Potenzial für einen Umbau aufzeigen und eine Einschätzung der Baukosten abgeben. Auf der Basis unserer Aufmaßpläne entstand dann in enger Zusammenarbeit die Entwurfsplanung. Die Kostenschätzung nach Gewerken haben wir mit Hinweisen zum Einbringen von Eigenleistung sowie der damit verbundenen Ersparnis versehen. So konnte Frau Wirth die eingehenden Angebote der Fachfirmen preislich gut beurteilen und entscheiden, wie viel sie als handwerklich geschickte Bauherrin mit ihren Helfern selbst umsetzen möchte.

Zur Maisonette erweitert

Der Stuttgarter Arzt Dieter Hirzel verbrachte in diesem kleinteiligen Zweifamilienhaus seine Kindheit und Jugend – entsprechend ist es ihm ans Herz gewachsen. In einer beschaulichen Wohngegend am Rande der Großstadt, angrenzend an einen unbebauten Grüngürtel und gut eingewachsene Nachbargrundstücke, ist das 1937 errichtete Haus an sich perfekt gelegen. Doch wie ließen sich im Rahmen der dringend erforderlichen Sanierung zwei Wohnungen mit niedrigen Deckenhöhen und jeweils circa 64 Quadratmetern Wohnfläche so organisieren, dass ein gewisser Komfort entsteht?

Architekt Ralf P. Häussler brachte die Idee ins Spiel, das Erdgeschoss als separate, später auch für Praxiszwecke nutzbare Einheit zu belassen und dafür die Obergeschossdecke zu öffnen, um sie mit dem Dachgeschoss zur Maisonette zu verbinden. Offene Raumsequenzen waren gewünscht, also mussten Innenwände fallen, zumal das kleinste Zimmer nur sechs Quadratmeter maß.

Ganz oben, über die neue Innentreppe erschlossen, befinden sich die privaten Bereiche: Schlafzimmer, Bad und Büro gruppieren sich um die offene Galerie. Ein quer durchgesteckter Baukörper endet in den beiden traufständig angeordneten und nach klaren Vorgaben hinsichtlich Breite, Ansichthöhe und Farbigkeit gezeichneten Gauben. Das ergab genug Höhe fürs Treppenhaus und Platz für die mit Einbaumöbeln ergonomisch gestaltete Büroecke.

Über die Arbeitsgalerie fällt der Blick ins Wohnzimmer und in die Diele mit angegliederter Küche und dem WC. Als vertikal gliederndes Element verbindet der farblich dezent abgesetzte Kamin beide Ebenen. Er unterstützt die Zentralheizung – die Gas-Brennwerttherme steht im Spitzboden – auch in den Übergangszeiten. Großflächig nach Süden ausgerichtete Balkonverglasungen generieren solare Gewinne; reihum neue Fenster sorgen mit ihrer Isolierverglasung für ein angenehmes Raumklima. Eine Außendämmung war aus energetischer Sicht nicht zwingend nötig. So blieben die Schmuckelemente der Fassade erhalten.

Bei den Materialien orientierte sich der Architekt am Vorhandenen: Eiche, hier als Parkett- und Möbelholz, Solnhofener Natursteinplatten und glatt verputzte weiße Flächen sind eine zeitlos schöne Kombination. Neu eingefügte und sichtbar belassene Stahlelemente wurden anthrazitfarben gestrichen. Einzelne Bau-

Rechte Seite und unten   Die markanten Gauben signalisieren: Auch das Dachgeschoss bietet jetzt vernünftigen Wohnraum. Genehmigt waren eigentlich nur Schleppgauben – ein Modell überzeugte die Behörden. Viele Immobilienhändler offerieren ähnliche modernisierungsbedürftige Objekte.

Links   Die Obergeschossdecke wurde teilweise entnommen – so ergaben sich offene Raumsequenzen. Die Galerie dient als Kleinbüro. Die große Eiche-Schiebetür trennt den rechts davon angeordneten Schlafbereich ab.

Unten und rechte Seite   Der Luftraum reicht bis unter den Dachgiebel. Als architektonisches Element verbindet der offene Kamin beide Etagen. Er ist farblich dezent abgesetzt.

elemente heben sich kontrastiv in leuchtendem Orange ab: die Schiebeelemente zum Verschatten der Balkonfenster, die von innen per Kurbel bedienbaren Klappläden des Giebelfensters und nicht zuletzt die keck in die Ferne blickenden Gauben. Die Leitfarbe Orange ließe sich im Rahmen eines Redesigns leicht durch einfaches Überstreichen ersetzen – beispielsweise durch ein pastelliges Schilfgrün.

Oben Die im Vergleich zu Schlepp-
gauben viel größere Stehhöhe der neuen
Gaubenkonstruktionen kommt auch dem
Treppenhaus zugute. Die Fenstertüren
des Schlafzimmers werden von innen per
Kurbel mit Klappläden verschattet.

Links Badkomfort: Alles Nötige auf
relativ engem Raum, ausgeführt in wer-
tigen Materialien. Gut geplant können
auch schwierige Situationen unter Dach-
schrägen optimal genutzt werden.

Rechte Seite unten Nach langen Diskus-
sionen wurde auf eine Außendämmung
der Fassade verzichtet. Nebeneffekt: So
blieben Schmuckelemente wie die Natur-
steinsimse erhalten.

Obergeschoss

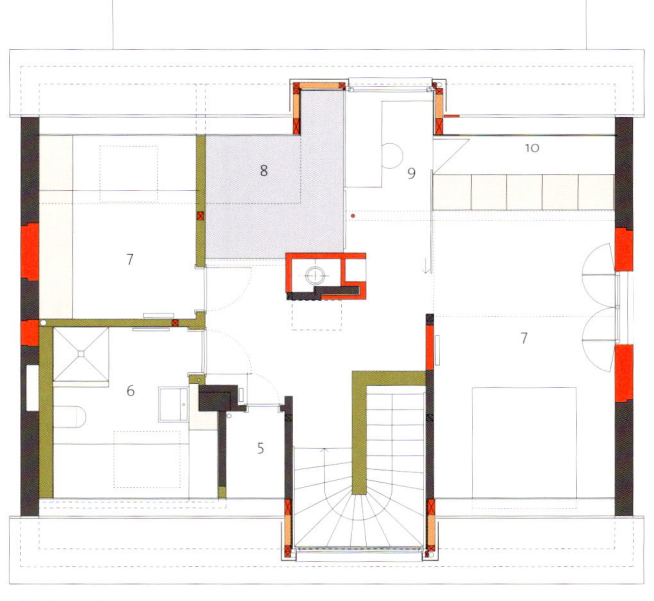

Dachgeschoss

1 Kochen
2 WC
3 Wohnen
4 Essen
5 Abstellraum
6 Bad
7 Schlafen
8 Luftraum
9 Arbeiten
10 Ankleide

Bestand
Neubau
Abriss

>> Projektdaten

Standort	70499 Stuttgart
Architekt	Ralf P. Häussler, Stuttgart
Bauherr	Dr. Dieter Hirzel
Fotos	Bernhard Müller/www.journalfoto.de, Reutlingen
Grundstück	486 m²
Bebaute Fläche	128 m²
Wohnfläche (OG und DG)	102 m²
Baujahr	1937
Umbau	2002
Anzahl der Bewohner	1
Baukosten	ca. € 186 000
Energiekonzept	Heizung/Warmwasser: Gasbrennwerttherme, Kaminofen, Solaranlage vorbereitet
	Wärmedämmung: Außenwände: 30 cm Ziegel-Mauerwerk, verputzt, auf Fassadendämmung wurde bewusst verzichtet; Dach: Dachflächen waren bereits mit 20 cm Mineralwolle (WLG 040) als Zwischensparrendämmung gedämmt, raumseitig neue Unterkonstruktion für Gipskarton-Bekleidung (Lattung und Konterlattung jeweils 3 cm), in der Lattungsebene zusätzlich 3 cm parafinierte Holzweichfaserplatte (WLG 045)
	Fenster: dreischichtverleimtes Kiefernholz, lackiert, Wärmeschutz-Isolierverglasung, U-Wert 1,1 W/m²K

>> Kommentar des Architekten

Die enge Beziehung des Bauherrn zu seinem Elternhaus hat mich besonders gereizt, denn einerseits galt es die zeitlose Schlichtheit eines 1930er-Jahre-Hauses und dessen Geschichte herauszuarbeiten, andererseits aber auch neue Lebensakzente und modernen Komfort zu integrieren. Zunächst stand der Bauherr jedoch vor der grundlegenden Entscheidung, das in die Jahre gekommene Haus umzubauen oder anderswo komplett neu zu bauen. Neben emotionalen Aspekten waren das sehr schöne Grundstück in gewachsenem, ruhigem und angenehmem Umfeld sowie die lockere Nachbarbebauung ausschlaggebend – zudem die im Vergleich zum Neubau viel geringeren Investitionskosten. Die konstruktive Zusammenarbeit aller Beteiligten sowie die notwendigen kreativen Freiräume führten zu einem Ergebnis, das beim Bauherrn nie Zweifel an seiner Entscheidung aufkommen ließ.

Ralf P. Häussler, Stuttgart

Aus zwei mach eins

Wie vielerorts entstanden in den 1950er-Jahren auch am Stadtrand der baden-württembergischen Gemeinde Kirchheim auf komfortabel bemessenen, ebenen Grundstücken Zwei- und Dreifamilienhäuser in der damaligen Architektursprache. Ihre zurückspringenden Gebäudeecken – ausgebildet als Terrassen und Balkone –, ihre Lochfenster in verschiedenen Größen und ihre einfachen Geometrien bestimmen heute noch das Bild im Viertel.

Mit der Vision, die beiden jeweils 66 Quadratmeter großen – beziehungsweise kleinen – Wohnungen zusammenzulegen und den Dachboden ebenfalls in ein Einfamilienhaus-Konzept zu integrieren, kauften die Eheleute Perfahl-Leibfried eine dieser Immobilien. Zuvor hatten sie längere Zeit im Nachbarhaus gewohnt, kannten also die Gegend und ihr Wohnpotenzial.

Der beauftragte Stuttgarter Architekt Ralf P. Häussler behielt die bewährte Nordwest-Erschließung und die Lage der Terrasse Richtung Südwesten bei. In die Fassaden setzte er neue Fenster, die in Größe und Form die neue Innenraumnutzung widerspiegeln. Mit großer Geste präsentiert sich das Entree. Elegant fasst ein

Rechte Seite und unten 17 Jahre lang wohnten Elisabeth und Michael Leibfried in einer Mietwohnung nebenan. Dann kauften und modernisierten sie das klassisch kleinteilig untergliederte Zweifamilienhaus. Stahlbeton kreativ eingesetzt: straßenseitig als Carport und Wetterschutz, im Terrassenbereich als vor die Glasfassade gesetztes, den Sitzplatz rahmendes Element.

Links oben und links Mitte   Offene
Raumstrukturen ohne trennende
Innentüren im Erdgeschoss, stärkere
Öffnung zum Garten: Unterzüge und
der als Raumteiler fungierende, mit
Juramarmor-Riemchen verkleidete
Kaminblock übernehmen die Lasten der
abgebrochenen Zwischenwände.

Oben   Von der Schlafzimmergalerie aus in den Luftraum fotografiert: Die Eheleute Leibfried beim Plausch mit ihrem immer wieder gern gesehenen Architekten.

Linke Seite unten   Die Betondecke des Carports überspannt zwei Pkw-Stellplätze. Auch für einen Baum war Platz: Er darf sich ungestört seitwärts und in die Höhe entwickeln.

Stahlbetondach die Bereiche Eingang, Einfahrt und Carport zusammen und bietet gleichzeitig Wetterschutz.

Die Entnahme von Wänden ergab die gewünschten offenen Raumabfolgen. Das Erdgeschoss wird nur noch mittels eines zentralen Blocks zoniert. Dieser übernimmt wichtige statische Funktionen und orientiert sich zur Küche mit raumhohen Küchenschränken; dem Wohn- und Essbereich zeigt er sich hingegen mit vorgeblendeter Natursteinwand und integriertem Kamin. Der durchgehende Parkettboden mit Fußbodenheizung verbindet diese Bereiche zu einer Einheit – auf trennende Innentüren wurde verzichtet.

Durch das Entfernen des Balkons, den Einbau einer zweigeschossigen Glasfassade und das Zurücknehmen der Decke entstand ein vertikaler Erlebnisraum mit zum Garten hin offenem Essbereich. Ein vor die Glasfassade gesetzter Betonrahmen bietet Sonnen- und einen gewissen Regenschutz für den Sitzplatz im Freien.

Im Obergeschoss verzichteten die Bauherren zugunsten der über dem Luftraum angeordneten Galerie auf ein abgeschlossenes Schlafzimmer. Der Badbereich – mit Juramarmor-Platten ausgekleidet – und eine Garderobe schließen sich an, ein Arbeitszimmer rundet das Raumprogramm ab. Zusätzliche Reserven bot das Dachgeschoss: Die einstigen Abstellräume wurden in einen Gästebereich mit Badezimmer umfunktioniert. Zum angenehmen Klima im Gebäude trägt der feuchteregulierende Rotkalk-Putz bei.

Auch die Freiflächen sind modern formuliert. Der verwachsene Vorgarten wich strikt geometrisch unterteilten Flächen; streng trennen Stahlblechkanten die bekieste Zufahrt von der Rasenfläche. Insgesamt ergibt das eine Komposition, die dem Auge durchaus schmeichelt – und im städtebaulichen Kontext für gelungene Abwechslung sorgt.

Oben   Das Badezimmer ist mit Juramarmor-Platten ausgekleidet. Die Holzflächen ergeben einen angenehmen Materialkontrast. Der vollflächige Spiegel lässt den knapp 14 Quadratmeter messenden Raum deutlich größer erscheinen.

Rechte Seite unten   Anstelle der abgerissenen, da thermisch ungünstigen Balkonplatte entstand ein Sichtbeton-Bügel, der die alte Struktur formal zitiert. Die gesamte Fassade erhielt ein Wärme-dämm-Verbundsystem.

Erdgeschoss

Obergeschoss

1 Eingang
2 WC
3 Abstellraum
4 Kochen
5 Essen
6 Wohnen
7 Terrasse
8 Flur
9 Schlafen
10 Ankleide
11 Luftraum
12 Bad

>> Projektdaten

Standort	73230 Kirchheim unter Teck
Architekt	Ralf P. Häussler, Stuttgart (bearbeitet als Partner von CCR Architekten GbR)
Bauherren	Elisabeth Perfahl-Leibfried und Michael Leibfried
Fotos	Bernhard Müller/www.journalfoto.de, Reutlingen
Grundstück	721 m²
Bebaute Fläche	115 m²
Wohnfläche	vorher/nachher: 132 m²/171 m²
Baujahr	1956
Umbau	2007
Anzahl der Bewohner	2
Baukosten	€ 258 000
Fördermittel	KfW-Programme CO2-Gebäudesanierung, Wohnraum modernisieren, Öko-Plus
Energiekonzept	**Heizung/Warmwasser:** Gasbrennwerttherme 11,8 kW, Fußbodenheizung, Heizkamin, Solaranlage vorbereitet, jährlicher Heizwärmebedarf 103 kWh/m² **Wärmedämmung:** Außenwände: 14 cm Polystyrol-Hartschaum WDVS (WLG 035); Kellerdecke: 8 cm Steinwolle-Dämmplatte (WLG 035); Dach: Dachflächen waren im Bestand mit 16 cm Polyurethan-Hartschaumplatten (WLG 040) gedämmt (Aufsparrendämmung), raumseitig teilweise neue Gipskarton-Bekleidung mit 16 cm Zwischensparrendämmung (WLG 035) **Fenster:** Holz-Alu-Fenster, Wärmeschutz-Isolierverglasung, U-Wert 1,1 W/m²K

>> Kommentar des Architekten

Das Ehepaar wünschte sich ein großzügiges Haus mit zeitgemäßen Energiestandards und modernen Wohnideen. Sie entschieden sich für einen Umbau im Bestand, da entscheidende Rahmenbedingungen und letztlich auch die Baukosten so besser einzuschätzen waren. Während des intensiven Planungsprozesses versuchte ich, den Bauherren mittels Plänen, Modellen, Animationen und Besuchen von Referenzobjekten eine konkrete Vorstellung über das neue Raumkonzept, über aktuelle Materialien und Oberflächen zu vermitteln. Nur wenige, aber entscheidende Maßnahmen genügten schließlich, um dem Objekt einerseits »den Mief der Fünfziger« zu nehmen und andererseits die schon vorgegebene, klare Gestaltung des Bestandes in die Architektursprache des 21. Jahrhunderts mit seinen neuen Wohnvorstellungen zu übersetzen.

S'Vog's Hüsli als Passivhaus

Direkt neben dem Schwarzwald-Bauernhaus von Thomas Dolds Eltern stand ein unscheinbares kleines Gebäude: ein sogenanntes Leibgeding oder Altenteil. Da es Thomas Dold nach seinem Kölner Studium und mehreren Jahren Mitarbeit in einem renommierten Architekturbüro wieder in die Heimat zog, lag es im wahrsten Sinne des Wortes nahe, sein Können auf die familieneigene Immobilie anzuwenden – zumal er auch gelernter Zimmermann ist und somit viele Arbeiten selbst übernehmen konnte. Dold setzte sich als ehrgeiziges Ziel, das 180 Jahre alte Gebäude in ein hochmodernes Passivhaus zu verwandeln. Auflagen des Denkmalamtes: Der First durfte nicht erhöht werden und das Erscheinungsbild des Bestandes inklusive der Grundmauern sollte erhalten bleiben.

Die geringe Grundfläche von nur 50 Quadratmetern erforderte die Nutzung aller drei Stockwerke. Diese wünschten sich die Bauherren Thomas Dold und Nils Sigwarth offen und von Licht durchflutet. Mit klar gegliederten Räumen, schlichter Formgebung des Interieurs und insgesamt sachlichem Ambiente. Gewissermaßen als Gegenentwurf zum Original: Mit feuchtem Lehmboden diente das Erdgeschoss bis dato als Garage und Werkstatt, winzige Fenster ließen die Wohnräume darüber noch kleiner erscheinen, als sie waren, und das Dachgeschoss unter marodem Gebälk wurde als Lager genutzt.

Nach Entfernen aller Innenwände entstand für jedes Geschoss ein großzügiger Bereich. Der in Holzrahmenkonstruktion ausgeführte Anbau nimmt Treppenhaus und Nebenzonen auf. Seine Lärchenschalung setzt sich bewusst von der Putzfassade des Bestands ab. Erschlossen wird das Haus über den giebelseitig angedockten Carport, der den Eingangsbereich überdacht und als Terrasse ausgebildet den Obergeschoss-Wohnbereich um rund 21 Quadratmeter ins Freie verlängert.

Im Erdgeschoss befindet sich das Architekturbüro. Hier blieb das bis zu 1,20 Meter dicke Mauerwerk sichtbar. Es musste mehrmals neu verfugt werden, bis es dicht war und den Blower-Door-Test bestand: Dabei wird ein kalibriertes Gebläse in eine Tür- oder Fensteröffnung eingesetzt und bei konstantem Unterdruck Raumluft aus dem Haus gesogen – anhand der gemessenen Werte lassen sich undichte Stellen der Gebäudehülle entdecken. Über den stählernen Treppenlauf

Rechte Seite und unten   Die Silhouette des Altbaus ist noch ablesbar. Treppenhaus und Nebenzonen sind in den mit Lärchenholz verschalten Anbau ausgelagert, so ließ sich die Grundfläche von nur 50 Quadratmetern auf allen drei Geschossen besser nutzen. Bei schönem Wetter bietet die Terrasse auf dem Carport zusätzlichen Wohnraum.

geht es in die freundlich hellen oberen Etagen. Sie sind als Einräume konzipiert und axialsymmetrisch angelegt.

Ganzjährig herrschen überall im Haus behagliche Temperaturen. Sie sind das Ergebnis sorgfältig abgestimmter Maßnahmen. Die sehr gut gedämmte Gebäudehülle hält zusammen mit spezialverglasten Fenstern die Wärme im Haus. Für Frischluft sorgt eine Komfortlüftung mit Wärmerückgewinnung, die im Winter auch die Zuluft erwärmt. Wärmegewinn erzielt das Haus durch die Fensterflächen und die Wärmeabgabe von Personen oder Haushaltsgeräten. Alle Fenster lassen sich verschatten, die große Giebel-Glasfläche durch außen parallel zur Dachneigung verlaufende Alu-Raffstores. Als Zusatzheizung fungiert eine Erdwärmepumpe. Sie bezieht kostenlose Energie aus dem Erdreich. Da darf es dann richtig kalt werden im Schwarzwald.

Oben beide Zuvor unterteilt in Wohnzimmer, Schlafzimmer, Küche und Bad/WC, präsentiert sich das Obergeschoss nun als Einraum.

Unten links und Mitte Der Hauseingang befindet sich im Carport. Das Erdgeschoss diente früher als Werkstatt und als Garage für die Fuhrwerkzeuge. Im hinteren Teil hat Thomas Dold sein Architekturbüro.

Unten rechts und rechte Seite Schlafzimmer und Bad befinden sich im dereinst als Lager dienenden Dachgeschoss.

1 Eingang
2 WC
3 Arbeiten
4 Lager
5 Kochen
6 Essen/Wohnen
7 Terrasse
8 Bad
9 Schlafen
10 Ankleide

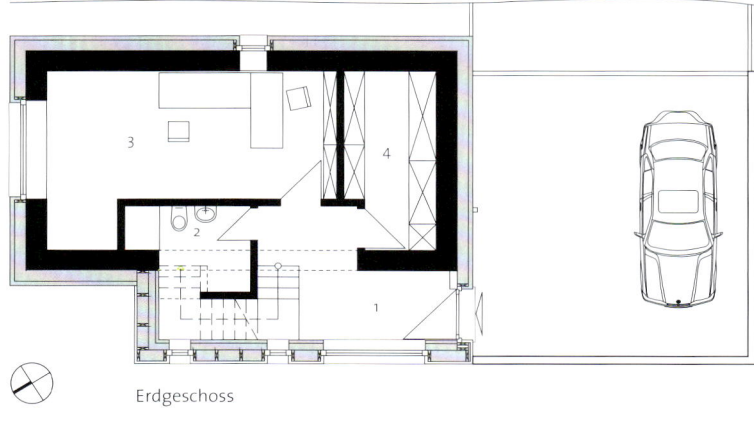

Erdgeschoss

Oben beide und links   Zwei Generationen, nachdem der Vogt, also der Bürgermeister, das spätere Elternhaus Thomas Dolds gebaut hatte, entstand 1820 ein kleines Nebengebäude: S' Vog's Hüsli. Als Passivhaus kommt es – umgerechnet in Heizöl – jährlich mit weniger als 1,5 Litern pro Quadratmeter aus.

Rechte Seite unten beide   Undichte Fenster, durch das Dach fallender Regen, bröckelnder Putz – das Gebäude war desolat. Der Holzbau an der Westseite diente als Bad und WC.

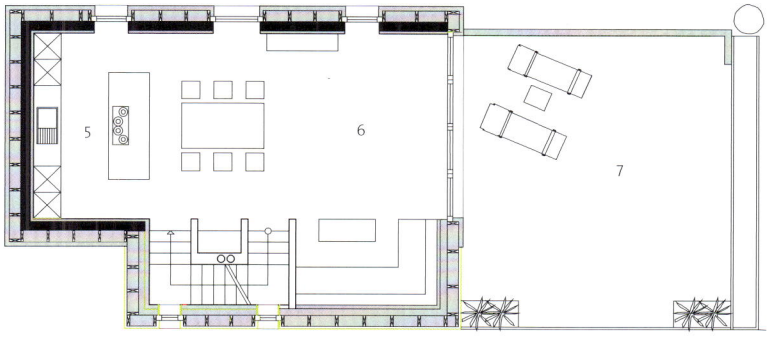

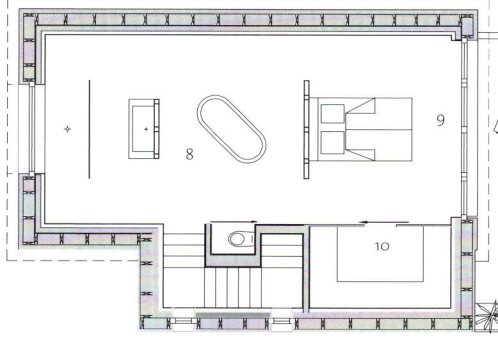

Obergeschoss   Dachgeschoss

>> Projektdaten

Standort	78166 Donaueschingen
Architekt	INhoch3, Thomas Dold, Donaueschingen
Bauherren	Thomas Dold und Nils Sigwarth
Fotos	Bernhard Müller/www.journalfoto.de, Reutlingen
Grundstück	141 m²
Bebaute Fläche	62 m², Carport 38 m²
Wohnfläche	vorher/nachher: 40,06 m²/124,37 m²
Baujahr	1820
Umbau	2006
Anzahl der Bewohner	2
Baukosten	ca. € 150 000
Eigenleistung	ca. € 100 000
Fördermittel	KfW-Programme Wohneigentum, Wohnraum modernisieren, CO2-Gebäudesanierung (124, 143, 130)
Energiekonzept	**Heizung/Warmwasser:** solegeführte Wärmepumpe 3,7 kW, 300 m Schlauch in 1,20 m Tiefe als Flächenkollektor im Garten verlegt, im EG und DG Fußbodenheizung, im OG Flächenheizungen (Platten in der Wand), kontrollierte Lüftungsanlage mit Wärmetauscher; Passivhausstandard/jährlicher Heizwärmebedarf ca. 13 kWh/m², entspricht 1,3 l Heizöl je m² Wohnfläche im Jahr, jährliche Heizkosten ca. € 175
	Wärmedämmung: Außenwände: 20 cm Fachwerk mit Bruchstein-ausfachungen, 30 cm kreuzweise aufgebrachte Holzkonstruktion mit mineralischer Dämmung (WLG 035), 10 cm Holzfaserplatte (WLG 045) als Putzträger; 10 cm Installationsebene auf der Innenseite, Dämmung; Außenwände Anbau: Holzrahmenkonstruktion, Lärchen-holz-Schalung; Dach: neue Sparren 30 cm, mineralische Dämmung, 10 cm Installationsebene, mineralische Dämmung
	Fenster: Dreifach-Wärmeschutzverglasung, U-Wert 0,6 W/m²K

>> Kommentar des Architekten

Das Haus stand unter Denkmalschutz, was die Sache naturgemäß nicht vereinfachte. Da teilweise keine Fundamente vorhanden waren, mussten Wände abgebrochen und nach Einbringen des neuen Fundamentes mit denselben Steinen wieder aufgebaut werden. Kosten können da leicht aus dem Ruder laufen. Auch deshalb empfiehlt sich bei solch komplexen Projekten unbedingt das Einbeziehen eines erfahrenen Planers mit entsprechenden Referenzen.

Stille Noblesse

Eigentlich suchte die vierköpfige Familie Weindorf ein Haus in Köln: Gewachsenen Charme sollte es haben, einen schönen großen Garten und Platz für vier Personen. Gefunden haben sie ihren Traum schließlich in Alsdorf, einem Ort in der Nähe von Aachen, denn dort stand zeitgleich ein altes Backsteinhaus aus dem Familienbesitz zum Verkauf. Als sich Architekt Rüdiger Lange-Weindorf beim Erstellen eines Verkaufsexposés intensiv mit der Struktur und den Möglichkeiten des Gebäudes beschäftigte, war die Lösung geboren: Wir übernehmen das Gründerzeithaus und ziehen ins Dreiländereck.

Die Doppelhaushälfte im historischen Dorfkern wurde um 1910 als Teil einer geschlossenen Straßenbebauung errichtet, die von Backsteinfassaden geprägt ist. Es besteht kein Ensembleschutz, potenzielle Bauherren müssen auch keine denkmalpflegerischen Belange berücksichtigen. Trotzdem entschied sich der Architekt, die Optik der Straßenfassade zu erhalten. Schwierig, denn gleichzeitig strebte er einen Heizenergiebedarf auf Niedrigenergiehaus-Standard an, was nur mit aufwändiger Dämmung möglich ist, die am einfachsten außen aufgebracht wird.

Innendämmung hingegen birgt bauphysikalische Probleme, da sich in der Wandebene auf keinen Fall Kondenswasser bilden darf. Sie ist daher mit größter Sorgfalt auszuführen. Entscheidend ist der Einbau einer hochwertigen »atmungsaktiven« Folie, die idealerweise im Sommer für ein hundertprozentiges Trocknen des Dämmmaterials sorgt und im Winter die Konstruktion vor Feuchte aus dem Gebäudeinneren schützt. Vorteil der nach innen verlegten Vorsatzschale aus Ständerwerk und Gipskartonplatten: Neben den acht Zentimetern Mineralwolle bietet sie Platz für die Installationsleitungen der Haustechnik, das Mauerwerk blieb in diesem Fall also unversehrt.

Reihenhäuser sind nach links und rechts gut gegen Energieverluste gesichert. Als Schwachstellen musste der Architekt noch die Kellerdecke und das Dachgeschoss dämmen. Zusätzlich wurden mit neuen Fenstern und einer individuell angefertigten Eingangstür die Voraussetzungen für eine positive Energiebilanz geschaffen.

Hatten sich die Innenräume zuvor eng und abgewohnt gezeigt, wohnt die Familie heute auf drei klar gegliederten, sorgsam und geschmackvoll ausgestat-

Rechte Seite Der Hinterhof war nicht mehr nutzbar. Ein Anbau wurde abgerissen, die Fensteröffnungen vergrößert und mit weißen Putzfaschen versehen. Das Dachgeschoss erhielt eine Gaube mit bodentiefen Fenstern.

Unten Sensibler Umgang mit dem historischen Erscheinungsbild: Gereinigt, neu verfugt und mit hellgrauen Holzfenstern sowie neuer Tür ausgestattet, blieb die Backsteinfassade erhalten.

teten Ebenen. Die beinahe quadratische, knapp acht mal acht Meter messende Grundfläche des Erdgeschosses dient nach weitgehender Entkernung als offener Koch-Wohnbereich. Fenstertüren erschließen den Zugang zum geschützt liegenden Innenhof.

Die restaurierte alte Holztreppe führt in die oberen Geschosse; erst zu den beiden Kinderzimmern, die über ein eigenes Bad verfügen, dann ins Dachgeschoss, das Reich der Eltern. Früher diente es als Abstellkammer. Eine Gaube mit bodentiefen Fenstern bringt Tageslicht, Stehhöhe und Wohnqualität – der Blick von hier aus in den langgestreckten, schön eingewachsenen Garten ist großartig.

Neben dem funktionalen neuen Grundriss, dem Energiekonzept sowie dem feinfühligen Umgang mit Materialien und Farben überzeugt an diesem Projekt besonders, wie bescheiden es sich wieder in die Umgebung fügt und somit das Ortsbild bewahrt. Vorbildlich!

Oben   Die acht mal acht Quadratmeter große Fläche legte im Erdgeschoss ein Öffnen des Grundrisses nahe. Zwei Teilstücke einer Zwischenwand blieben stehen, ein Stahlträger fängt die Lasten ab. Durchgefärbter Estrich bildet den einheitlichen, robusten Bodenbelag.

Rechte Seite   Die alte Treppe wurde gründlich aufgearbeitet. Sie führt ins Obergeschoss, zunächst zu den Kinderzimmern. Der Hohlraum unter den Stufen wird als eine Art Einbauschrank sinnvoll genutzt.

Oben beide   Wie so häufig war der Dachraum früher nur eine Rumpelkammer. Heute sind hier die Eltern für sich. Es gibt auch eine Leseecke mit Platz für viele Bücher. Bodenbelag: aufgefrischte Original-Dielen und Linoleum.

Linke Seite unten   Blick ins Elternbad. Es liegt direkt am Treppenabgang. Hellblau, Ziegelrot und das warme Gelb des Linoleums harmonieren prächtig.

>> Projektdaten

Standort	52477 Alsdorf
Architekt	Rüdiger Lange-Weindorf, Alsdorf
Bauherrin	Maria Weindorf
Fotos	Bernhard Müller/www.journalfoto.de, Reutlingen
Grundstück	426 m²
Wohnfläche	vorher/nachher: 90 m²/ca. 128 m²
Baujahr	ca. 1910
Bauzeit:	7 Monate
Umbau	2005, Außenanlagen 2006
Anzahl der Bewohner	4
Baukosten	€ 126 000 ohne Eigenleistung und Außenanlagen
Eigenleistung	Abbrucharbeiten, 1–2 Personen über 3 Wochen, Wochenendarbeit mit 2 Personen über die gesamte Bauzeit
Fördermittel	KfW-Programm CO2-Gebäudesanierung
Energiekonzept	**Heizung/Warmwasser:** Gaszentralheizung Bestand von 1997, neue Fußbodenheizung im Erdgeschoss, jährlicher Heizwärmebedarf ca. 57 kWh/m²
	Wärmedämmung: Außenwände: 42 cm Ziegelmauerwerk, innen Vorsatzschale aus Ständerwerk mit 8 cm Mineralwolledämmung (WLG 035), Dampfbremse, Vario KM Klimamembran und Gipskartonplatten; Dach: Dampfbremse, 20 cm Mineralwolledämmung (WLG 040), 3 cm Konterlattung, 3 cm Lattung, Betondachziegel, Brass Tegalit, hellgrau
	Fenster: Merantiholz, hellgrau, Wärmeschutz-Isolierverglasung, U-Wert 1,1 W/m²K

>> Kommentar des Architekten

Verdeckte Bauschäden und fehlende Fundamente zählten zu den weniger angenehmen Überraschungen beim Modernisieren des Hauses. Gewisse finanzielle und psychische Reserven sollte deshalb jeder Bauherr haben, der ein solches Projekt in Angriff nimmt. Und einen guten Architekten, damit ein intensives Prüfen der Bausubstanz und ein sensibler Umgang mit dem historischen Erscheinungsbild gewährleistet ist.

Oben Bei diesem Anblick verwundert es nicht, dass sich die Baufamilie daheim oft wie im Urlaub fühlt. Entsprechend positiv fällt das Umbaufazit aus: Sie würden alles wieder genauso machen.

Rechte Seite unten Ensemble in Backsteinoptik. Niedrigenergiestandard konnte der Architekt auch deshalb erreichen, weil das Reihenhaus nur zwei Außenwände hat.

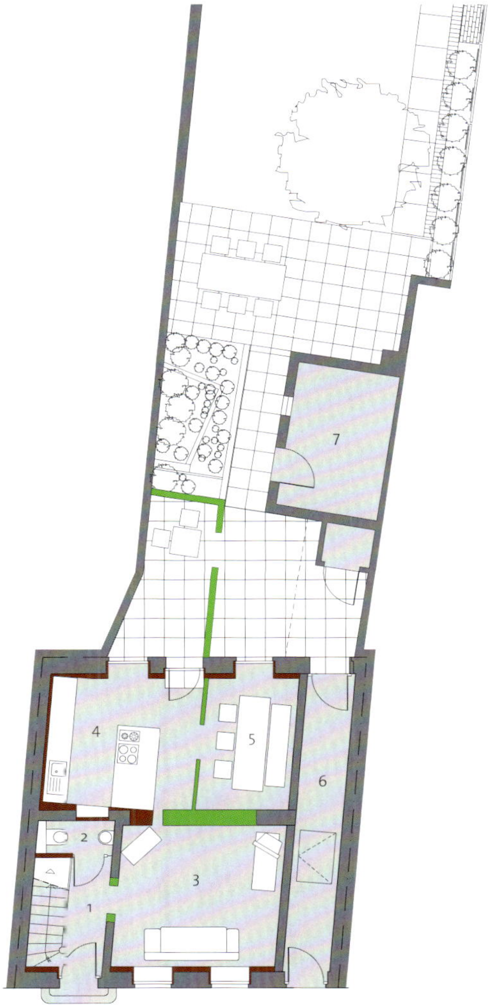

Erdgeschoss   Obergeschoss 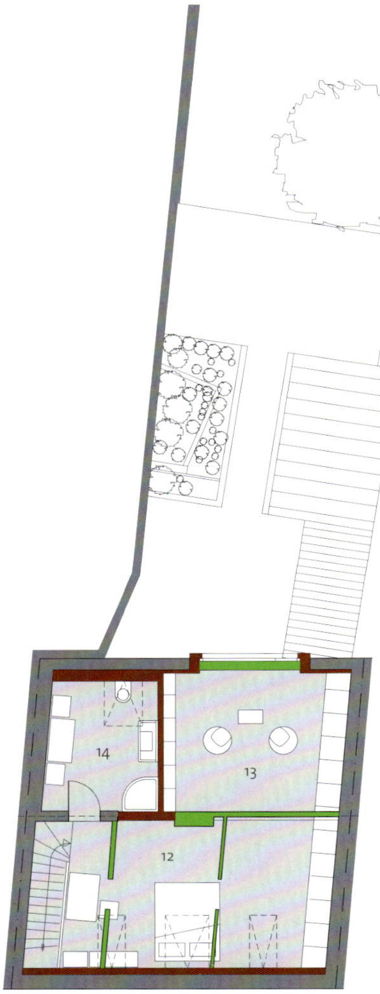 Dachgeschoss

1 Eingang
2 WC
3 Wohnen
4 Kochen
5 Essen
6 Durchgang Hof
7 Lager
8 Flur
9 Bad
10 Schlafen
11 Ankleide
12 Schlafen
13 Studio
14 Bad

Bestand
Abriss
Neubau

Tanz aus der Reihe

Für die Mutter von Bauherr Karsten Aichele war das Reiheneckhaus zu groß geworden. Sie wollte in eine Wohnung ziehen – und überließ der jüngeren Generation ein Gebäude, das von seinem Volumen, seiner Lage und seinem schön eingewachsenen Grundstück her ziemlich genau deren Vorstellungen entsprach. Zu optimieren war allerdings der kleinteilige Grundriss, außerdem sollte sich das neue Domizil außen dezent vom etwas uniformen, im Grundton Ocker gehaltenen Habitus der 1950er-Jahre-Siedlung abheben.

Außen fällt zunächst die Fassadenfarbe auf: ein warmer Grauton, mit dem die Merantiholz-Rahmen der neuen Fenster kontrastieren. Semitransparente Flächen aus schlanken Lärchekanthölzern ersetzen die alten Balkonverkleidungen. Den Eingangsbereich gestaltete der Tübinger Architekt Sigmar Lenz ebenso wirkungsvoll in Reminiszenz an das Original, aber in moderner Materialsprache: Eine Stahlkonstruktion verbindet das Plexiglasdach mit der seitlichen Lärchenholzverschalung und beides mit dem Mauerwerk, die Briefkastenanlage ist flächenbündig integriert – so einfach kann gute Architektur sein.

Um im Erdgeschoss mehr Großzügigkeit zu erreichen, ließ der Architekt in Absprache mit dem Statiker die tragende Wand zwischen Küche und Wohnbereich entnehmen. Ein Stahlunterzug fängt jetzt die Lasten der Obergeschosse ab. Platzsparend und durchaus vorteilhaft für die Lichtsituation definiert eine Glasschiebetür den Übergang vom Flur zur Küche. Der Küchenblock mit anschließendem Essplatz nimmt die gesamte Raumtiefe der Küche ein, die hier nicht mehr abgetrennt ist, sondern als gleichberechtigter Teil des Wohnbereiches verstanden wird. Die maßgefertigte Edelstahlplatte ermöglicht einen ergonomisch sinnvollen Arbeitsablauf: Spüle, Vorbereitungsfläche, Herd, Ablage. Es folgt der Esstisch als logischer Schlusspunkt. Angenehm ist, dass die Familie und ihre Gäste nicht »gegen die Wand« kochen müssen, sondern jederzeit in den Raum hinein kommunizieren können – oder auch mal einen Blick durch die großflächig verglaste Fassade in den Garten werfen. Formal unverändert blieb das Blumenfenster längs des Essbereiches, es wurde nur thermisch den heutigen Ansprüchen angepasst.

Die Raumstruktur des Obergeschosses blieb erhalten; hier wohnte das Ehepaar während der Umbauzeit. Im zuvor ungenutzten Dachgeschoss hingegen

Rechte Seite und unten   Grau ist in unendlich vielen Nuancen erhältlich und gehört zu den kompatibelsten Farben überhaupt. Der vom Ehepaar Aichele gewählte Ton verleiht ihrem frisch renovierten Reihenhaus eine gewisse Eleganz. Lärchenkantholz-Flächen und das Braun der Meranti-Fensterrahmen kontrastieren fotogen.

entstand nach Einsetzen einer übereckverglasten Gaube und energetischer Sanierung des Daches das große Elternschlafzimmer. Eine weitere Gaube in die andere Richtung, also zur Straße hin, untersagte der Bebauungsplan. Speziell im Dachgeschoss konnten die Bauherren geldwerte Eigenleistung erbringen: Nach Feierabend und an mehreren Wochenenden entfernten sie eine Leichtbauwand, Glaswolldämmung, alte Wespennester und diverse Verkleidungen.

Oben links und rechte Seite unten An der Decke lässt sich nachvollziehen, wo früher die Trennwand zur alten Küche verlief. Die maßgefertigte Edelstahl-Arbeitsplatte des frei stehenden Küchenblocks kann jetzt weit in den Raum vorkragen.

Oben   Mut zur Farbe: Der L-förmige
Grundriss des offenen Wohn-Essbereichs
verträgt das kräftige Rot. Alle Verglasungen wurden durch moderne, energetisch
vorteilhafte Konstruktionen ersetzt.

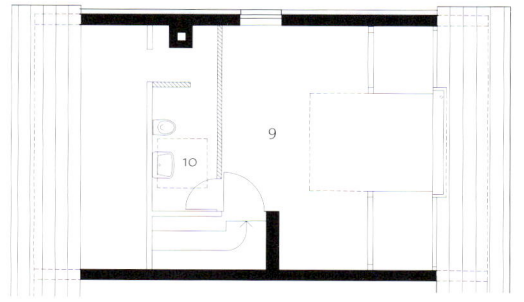

Dachgeschoss

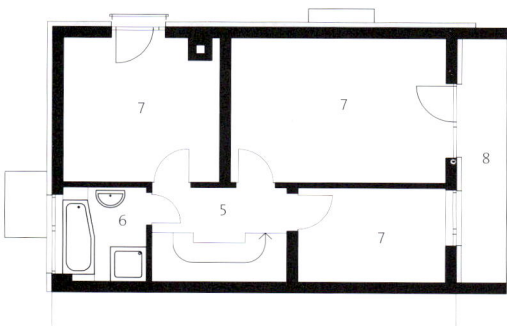

1	Eingang
2	WC
3	Kochen
4	Essen/Wohnen
5	Flur
6	Bad
7	Schlafen
8	Balkon
9	Studio
10	Bad

Obergeschoss

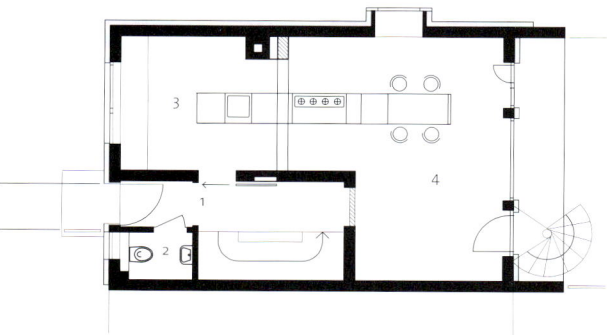

Erdgeschoss

>> Projektdaten

Standort	72766 Reutlingen
Architekt	Sigmar Lenz, Tübingen
Bauherren	Sybille und Karsten Aichele
Fotos	Bernhard Müller/www.journalfoto.de, Reutlingen
Grundstück	ca. 290 m²
Wohnfläche	vorher/nachher: 107 m²/109 m²
Baujahr	1957
Umbau	2005
Anzahl der Bewohner	3
Baukosten	ca. € 150 000
Eigenleistung	zum Teil Abbruch im Dachgeschoss
Energiekonzept	Heizung/Warmwasser: Gasbrennwerttherme, Röhrenradiatoren Wärmedämmung: Außenwände: 12 cm EPS-WDVS (WLG 040); Dach: Holzkonstruktion, Tonziegel, Zwischensparrendämmung mit 14 cm Steinwolle (WLG 035) Fenster: Merantiholz, U-Wert 1,3 W/m²K

>> Kommentar des Architekten

Sybille und Karsten Aichele bereiteten sich intensiv und frühzeitig auf dieses Projekt vor. Sie foto-
grafierten Häuser und Details, die ihnen gefielen, und recherchierten in Büchern und Zeitschriften.
Die Ergebnisse setzten sie zu großen Collagen zusammen – das erleichterte die Kommunikation
zwischen allen Beteiligten. Und führte zu einem harmonischen Resultat.

Rechte Seite Lärchenkanthölzer als semi-transparente Balkonverkleidung, auf dem Dach eine Gaube als auffälligste Veränderung am Baukörper: Reihenhäuser sind wandlungsfähig.

Unten Platzsparend und ein Plus fürs Raumgefühl: Durch die Glasschiebetür im Flur erhält die Küche zusätzliches Tageslicht. Der Boden ist mit anthrazitfarbenem Feinsteinzeug belegt, durchgängig auch in der Küche und im Wohnbereich.

Ganz unten Der Dachraum war zuvor nicht gedämmt. Aicheles wünschten hier oben ihr Schlafzimmer und ein Bad. Dieses erhielt ein extra Dachflächenfenster. Mintgrünes Glasmosaik sorgt für optische Frische.

liebel + architekten, Aalen

Auf Zuwachs angelegt

Nach dem Krieg wurden in Aalen von der städtischen Baugenossenschaft diverse Häuser eines bestimmten Typs errichtet: mit fast quadratischem Grundriss, steilem, um 48 Grad geneigten Satteldach und einem ein Meter hohen Kniestock. Vor wenigen Jahren erwarben die Eheleute Schultz-Heckmann eines davon. Es war in verwohntem Zustand, hatte aber Charme und verfügte über einen verwilderten, aber reizvollen Garten. Außerdem liegt es nur einen Steinwurf vom Stadtzentrum entfernt. Ganz wichtiges Kaufargument für die vierköpfige Familie: nicht unbedingt auf ein Auto angewiesen zu sein und die meisten Einkäufe auch zu Fuß oder mit dem Fahrrad erledigen zu können.

Mit Hilfe der Architekten um Bernd Liebel war schnell geklärt, dass eine flexible Struktur mit wenigen tragenden Wänden den einfach gegliederten Grundriss wunschgemäß verändern würde. Viel Licht, offenes Wohnen und moderne Haustechnik mit geringem Energieverbrauch standen im Aufgabenkatalog. Dabei sollten die Gebäudeproportionen gewahrt bleiben.

Zunächst passten die Architekten den Bestand an heutige Bedürfnisse an und berücksichtigten eine spätere Erdgeschoss-Erweiterung bei eventuellem Familienzuwachs. Durch das Entfernen zweier Wände im Erdgeschoss ergab sich eine geräumige, von drei Seiten belichtete Flucht für die offene Küche, den Ess- und den Wohnbereich. Das Bodenniveau liegt einen Meter über dem Garten, deshalb ließ sich giebelseitig eine breite und inzwischen intensiv genutzte Sitztreppe vorlagern. So ist der Garten vom Essbereich aus direkt zugänglich.

Von der Straßenseite gesehen sind die Maßnahmen vor allem durch die neu gestaltete Eingangszone mit Rampe und die addierte Holzbox ablesbar. Dieser mit Lärche-Dreischichtplatten verschalte Kubus überdacht die Eingangstür und bietet im ersten Obergeschoss Platz für ein Ankleidezimmer sowie eine Dusche mit ausreichender Stehhöhe.

Eine Wendeltreppe erschließt den über alle Geschosse sichtbaren, als Studio ausgebauten Dachspitz. Lufträume und teiltransparente Beläge machen die vertikale Erschließungszone optisch noch geräumiger. Zum Schutz der Kinder sind die in Bauhaustradition puristisch ausgeführten Stahlgeländer mit einem einfachen Netz gesichert.

Rechte Seite   Die nächste Ausbauphase sieht eine giebelseitige Erweiterung in Richtung Garten vor. Die Pläne dafür sind bereits gezeichnet (siehe Grundrisse).

Unten   Der ins Dach einschneidende Holzkubus schützt den Eingangsbereich und bietet wertvolle räumliche Optionen im oberen Geschoss. Die Rampe zur Ausgangstür überbrückt den Höhenunterschied mit kinderwagenfreundlichem Gefälle.

Die Materialien Stahl und Holz definieren die architektonischen Eingriffe und setzen sich vom massiv gebauten Bestand deutlich ab. In ihrer reduzierten Formensprache machen sie den Umbauprozess nachvollziehbar.

Oben beide   Im Wohnbereich ist von verschachtelter Enge nichts mehr zu spüren. Tatsächlich sind die meisten Zwischenwände in solchen 1950er-Jahre-Siedlungshäusern entbehrlich.

Links   Solange die Kinder klein sind, sichern leicht wieder entfernbare orangefarbene Netze die aus filigranen Stahlprofilen geschweißte Wendeltreppe und die Geländer.

Rechte Seite unten   Vor der Modernisierung: Schlicht und typisch für ein Nachkriegs-Wohngebäude der Aalener Heimstättenbaugenossenschaft. Es ließ sich ideal an heutige Wohnbedürfnisse anpassen.

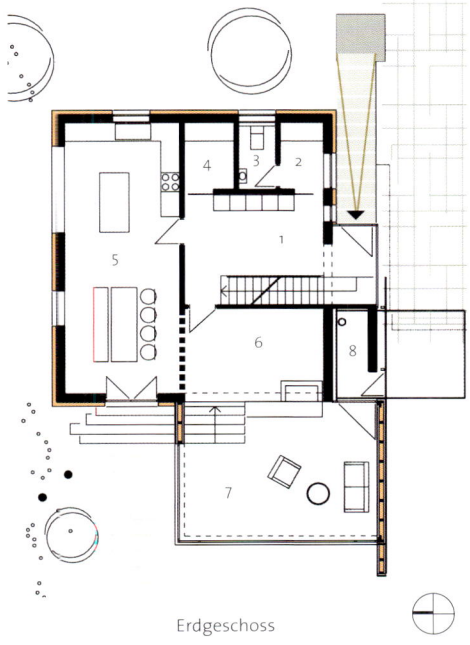

Erdgeschoss

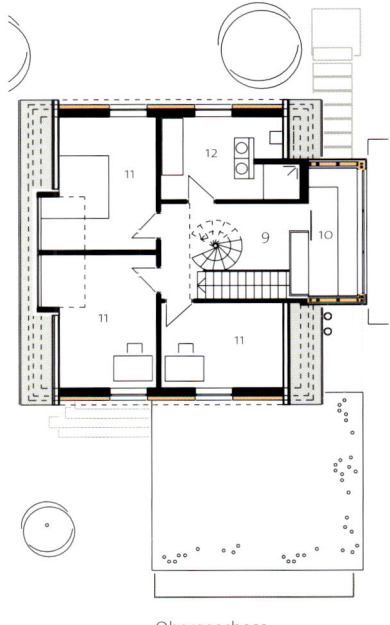

Obergeschoss

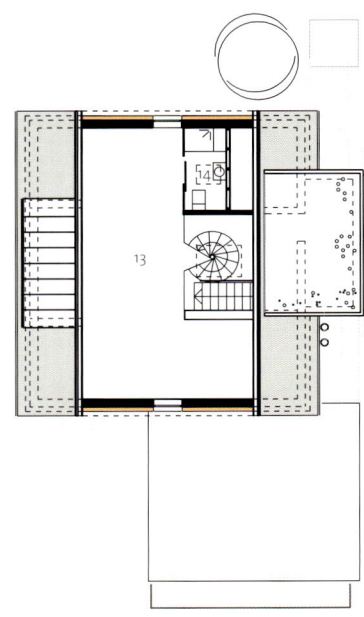

Dachgeschoss

1 Eingang
2 Garderobe
3 WC
4 Abstellraum
5 Kochen/Essen
6 Wohnen
7 Wohnen, 2. Bauabschnitt
8 Lager
9 Flur
0 Ankleide
11 Schlafen
12 Bad
13 Studio
14 Bad

>> Projektdaten

Standort	73430 Aalen
Architekten	liebel + architekten, Aalen
Bauherren	Dr. Eva Schultz-Heckmann und Jörg Schultz
Fotos	Bernhard Müller/www.journalfoto.de, Reutlingen
Grundstück	535 m²
Bebaute Fläche	125 m² ohne projektierten Anbau und Carport
Wohnfläche	vorher/nachher: 140 m²/183 m²
Baujahr	1949
Umbau	2004 bis 2005
Anzahl der Bewohner	4
Baukosten	ca. € 185 000 (Kostengruppe 300 und 400 nach DIN 276, brutto)
Eigenleistung	ca. € 7 500 (Abbrucharbeiten, Ausbau, Renovieren und Verlegen der alten Holzdielen, brutto)
Fördermittel	KfW-Programme CO2-Gebäudesanierung, Wohnraum-Modernisierung, CO2-Minderung
Energiekonzept	**Heizung/Warmwasser:** Gasbrennwerttherme, Heizkörper, Abluftanlage ohne Wärmerückgewinnung, 4500-l-Zisterne für Brauchwasser, jährlicher Heizwärmebedarf: ca. 64 kWh/m²
	Wärmedämmung: Außenwände: 14 cm Polystyrol WDVS (WLG 035); Dach: Zwischensparrendämmung 14 cm Mineralwolle (WLG 035), Aufdachdämmung 6 cm Holzfaserplatten (WLG 040) und Ziegeldeckung
	Fenster: neue Holzfenster mit Wärmeschutz-Isolierverglasung, U-Wert 1,3 W/m²K

>> Kommentar der Architekten

Um den Baufortschritt zu überwachen, waren wir bis zu zehnmal täglich auf der Baustelle. In gewissen Phasen müssen schnelle und kompetente Entscheidungen getroffen werden. Die meisten Siedlungshäuser aus den 1950er-Jahren sind im Prinzip dankbare Sanierungsobjekte, da sich die meisten ihrer Innenwände leicht entfernen lassen. Das macht diese Immobilien sehr flexibel.

[lu:p], Grub am Forst

Monolith

Das für 1956 typische Wohnhaus mit Putzfassade und Satteldach zeigt sich nach der Sanierung und Umnutzung zum Bürogebäude selbstbewusst in neuem Gewand. Ohne Dachüberstände erscheint es wie eine monolithische Skulptur. Über den vorhandenen Kubus zog Architekt Renee Lorenz eine Verschalung aus unbehandelten und gehobelten Lärchenholzbrettern – sie wird im Laufe der Zeit ihre typische silbergraue Patina erhalten. Den Zwischenraum zum Mauerwerk füllte Lorenz mit zwei Lagen Mineralfaserplatten von je sechs Zentimetern Stärke. Auch Regenrinnen und Fallrohre finden hier Platz.

Im Gegensatz zur schlichten Gebäudehülle wird der Zugang inszeniert. Ein Betonband entwickelt sich aus einem hinterleuchteten Firmenschild zu einer Art rotem Teppich für Ankommende, bevor es sich zur Treppe faltet und schließlich als Vordach zur Eingangstür führt. Treppe und Vordach kommen ohne Stützen aus – sie hängen an unsichtbaren, in der Holzbalkendecke verlaufenden Zugbändern.

Rechte Seite und unten   Wie aus einem Block: Es gibt keine Überstände, auch die Dachflächen sind mit einer Holzverschalung verkleidet. Das verleiht dem Gebäude seine monolithische, fast schon skulpturale Wirkung.

Oben beide und links   Raumspar-Optionen: Auf Wunsch kaschiert ein klapp- und begehbarer Massivholzrost die Badewanne. Auch die Küchenzeile ist äußerst kompakt als Einbaumöbel integriert.

Rechte Seite   Einfache Lösungen mit Charme: Die Treppenstufen aus unbehandeltem Stahl wirken wie in die Wand gesteckt, auf ein Geländer wurde bewusst verzichtet. Hinter der Pfette ließen sich Leuchtkörper für angenehm indirektes Licht installieren.

Innen setzt sich der reduzierte Duktus fort. Die Bodenbeläge aus rohem Estrich und Industrieparkett, die in den ehemaligen Bodenraum führende geländerlose Treppe aus unbehandelten Stahlplatten sowie die Waschbecken aus rohem Beton wirken durch ihre Materialeigenschaften. Die Badewanne versteckt sich unter einem den Waschbecken vorgelagerten Holzpodest, das zum Baden hochgeklappt werden kann. Das ist eine durchaus raumökonomische Anordnung, denn wie oft wird schon gleichzeitig gebadet und das Waschbecken benutzt?

Der neue Grundriss sah weite und helle Räume vor. In Etappen und mit viel Eigenleistung, parallel zur täglichen Büroarbeit, wurden Wände entfernt, Fenster vergrößert und ergänzt. Deutlich ablesen lassen sich die Eingriffe an der Ausbildung der Stürze mit sichtbar belassenen Stahlträgern. Die Möblierung mit Regalen und Einbauschränken wurde sorgfältig geplant und ausgeführt.

Natürlich ist dieser Umbau gleichzeitig die Visitenkarte des darin firmierenden Architekturbüros von Renee Lorenz. Bauherren, die ein kleines Siedlungshaus besitzen oder mit dem Gedanken spielen, eines zu erwerben und neu zu strukturieren, erhalten hier einen Eindruck vom sensiblen Umgang mit Räumen und Materialien – und vielleicht auch einige besondere Anregungen.

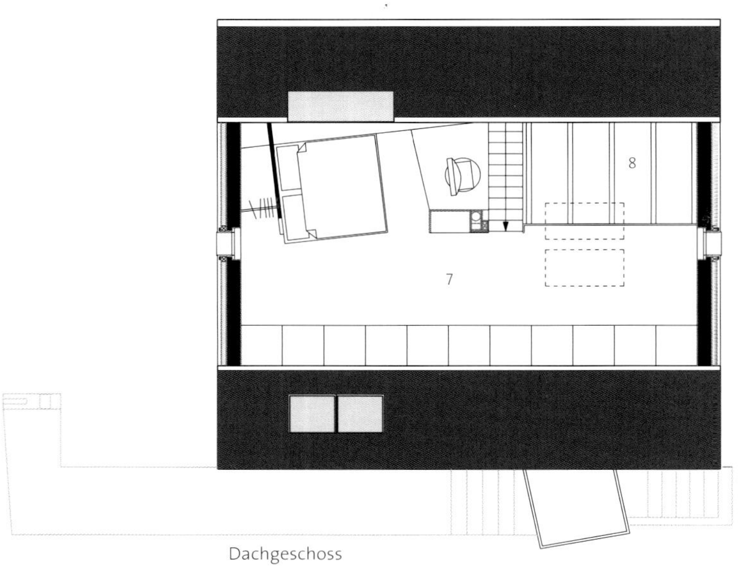

Dachgeschoss

1 Eingang
2 WC
3 Garderobe
4 Büro
5 Bad
6 Kochen/Essen
7 Schlafen
8 Luftraum

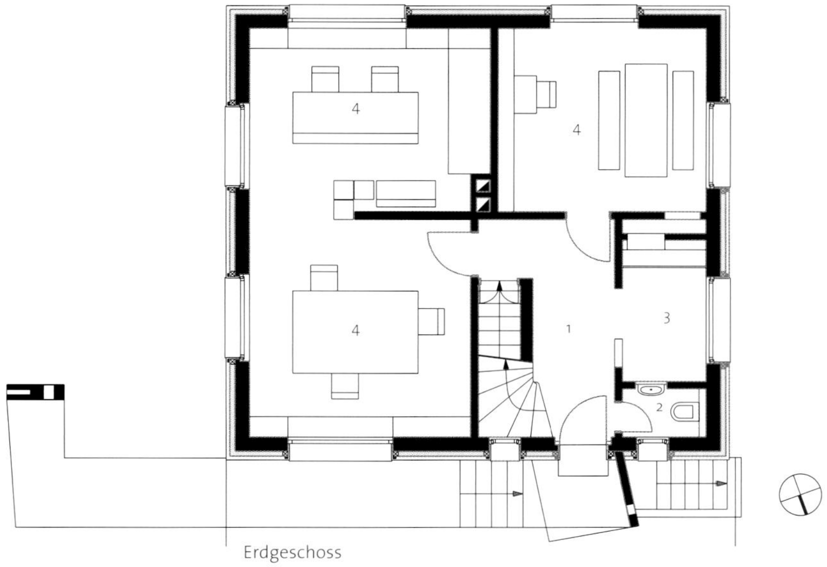

Rechte Seite Gemütlich und wie unter einem Zeltdach: das Schlafzimmer. Einbaumöbel sorgen für Ordnung und passen sich der Dachgeometrie perfekt an.

Unten Das ursprüngliche Haus wurde in seiner äußeren Kubatur kaum verändert – und ist dennoch nicht wiederzuerkennen.

Obergeschoss

Erdgeschoss

>> Projektdaten

Standort	96271 Grub am Forst
Architekten	Architekturbüro [lu:p], Grub am Forst
Bauherr	Renee Lorenz
Fotos	Rolf-Peter Reichel, Grub am Forst
Grundstück	509 m²
Wohnfläche	vorher/nachher: 127 m²/142 m²
Baujahr	1956
Umbau	2002 bis 2006
Kaufpreis	€ 50 000
Baukosten	€ 185 745 (brutto)
Eigenleistungen	ca. € 30 000
Energiekonzept	**Heizung/Warmwasser:** Gasbrennwerttherme 8–20 kW, Solarkollektoren zur Brauchwassererwärmung, jährlicher Heizwärmebedarf ca. 72 kWh/m²
	Wärmedämmung: Außenwände: 2 x 6 cm Mineralfaserplatten (WLG 035)
	Fenster: Holzfenster mit Wärmeschutz-Isolierverglasung, U-Wert 1,1 W/m²K

>> Kommentar der Architekten

Das Haus könnte jederzeit wieder als reines Wohngebäude dienen. Es verfügt über ein voll funktionsfähiges Bad und Anschlüsse für Küchen in beiden Geschossen. Mit der Qualität seiner Innenräume, den wechselnden Lichtstimmungen und den voll ausgenutzten Flächen würde es auch einer größeren Familie hochwertigen Wohnraum bieten.

Meixner Schlüter Wendt, Frankfurt

Des Kubus Kern

Abbruch und Neubau waren fast schon beschlossene Sache. Zu wenig entsprach das ehemalige Ferienhaus den Vorstellungen der neuen Besitzer. Zwar war er nett anzusehen, der schlichte, 1920er-Jahre-Holzbau auf seinem Bruchsteinsockel, inmitten des dicht eingewachsenen Grundstücks im Wohngürtel um Frankfurt. Aber die anderthalb Geschosse mit ihren kleinen Flächen – sie boten für eine vierköpfige Familie schlicht zu wenig Platz.

Auf der Suche nach Planungsalternativen ergab sich der Kontakt zum ortsansässigen Architekturbüro Meixner Schlüter Wendt. Die Architekten erkannten eine gewisse Qualität der Räume und des Zuschnittes und befanden, dass sich die Struktur durchaus als Planungsgrundlage würde aufgreifen lassen. Aus diesem Ansatz heraus entwickelten sie den zentralen Entwurfsgedanken: Statt Neues in die alte Hülle einzubringen, einfach den Bestand verkleiden – mit einem Kubus!

Die Idee birgt bauphysikalische und ökonomische Vorteile: Die Konstruktion des Bestandes musste nicht aktuellen Ansprüchen und Normen angepasst werden. Lediglich einen massiven Mantel galt es zu erstellen, was wiederum geringeren Ressourcenverbrauch bedeutete – im Sinne der Nachhaltigkeit ein wichtiger Aspekt.

Allerdings spielten komplexe statische Anforderungen hinein. Das bestehende Gebäude konnte keine zusätzlichen Lasten aufnehmen, der Kubus ließ sich somit konstruktiv nicht mit dem Altbau verbinden. Also musste die aus Hochlochziegeln gemauerte Hülle mit ihren integrierten Stahlbetonrahmen über zwei Geschosse selbsttragend ausgelegt werden. Die 27 Zentimeter starken Stahlbetonplatten des Flachdaches überspannen sie ohne zusätzliche Auflager.

Dieses Ummanteln des historischen Kerns erweiterte die Wohnfläche elegant, auch im Obergeschoss. Nach Abriss des Giebels erhielt es ein Flachdach und kann jetzt vernünftig genutzt werden. Addierte Wandteile – die Architekten bezeichnen sie als »Raum-« beziehungsweise »Lichtstutzen« – sind durch die Farbgebung oder die innerhalb der Struktur neu zugewiesene Funktion eindeutig definiert.

Nach Westen öffnet sich die ehemalige Veranda über das vorgelagerte, vier Meter tiefe Wohnzimmer und die in Pfosten-Riegel-Konstruktion ausgeführte Glasfassade in Richtung Garten. Die Raumgrenzen verschwimmen, da der dunkle

Rechte Seite beide Komplett ummantelt: Tagsüber gibt sich der historische Bestand erst auf den zweiten Blick durch die gläserne Westfassade hindurch zu erkennen. Die Strukturen des kleinen Ferienhäuschens ließen sich großteils in das neue Konzept integrieren.

Holzboden des Wohnzimmers optisch fast Ton in Ton in die Außenterrasse über-geht. An der Südseite befindet sich die neue Kellertreppe, im Zwischenraum an der Ostseite ist die Haustechnik untergebracht.

Die subtile Farbgebung unterstreicht die Originalität des Entwurfs. Das graugrüne Äußere kontrastiert mit den in Weiß und Hellcreme gestalteten Flä-chen innen. Schrank- und Installationsebenen wiederum setzen sich in hellem An-thrazit ab.

Eine bemerkenswerte Modernisierungsvariante, die speziell auch für den Denkmalschutz Denkanstöße liefern kann.

Oben alle Durchblicke, Zwischenräume und Übergänge schaffen differenzierte Raumerlebnisse; ruhige Flächen und Ele-mente kontrastieren mit den alten, teils ornamental behandelten.

Unten Eine räumliche Darstellung ver-deutlicht die raffinierte Durchdringung von Alt und Neu.

Rechte Seite In den Luftraum zwischen Kubus und Bestandsgebäude wurde eine neue Arbeitsgalerie eingestellt. Hier ver-schwimmen die klaren Grenzen zwischen Alt und Neu.

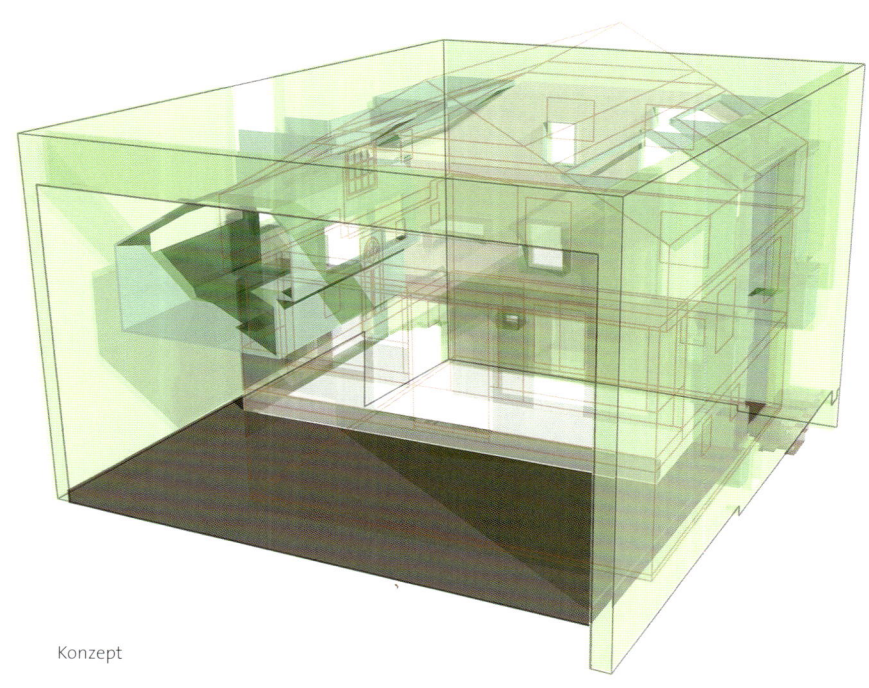

Konzept

Oben   Die extrovertierte Seite des Gebäudes im Dämmerlicht: Besonders gut sind jetzt die am Kernhaus vorgenommenen Veränderungen lesbar. Mit nur wenig Fensterfläche perforiert, sorgen die Flanken der Umhüllung für Privatsphäre.

Links   Zunächst sollte das heimelige Ferienhaus abgerissen werden. Doch engagierte Architekten zeigen immer wieder, was sich planerisch alles bewerkstelligen lässt.

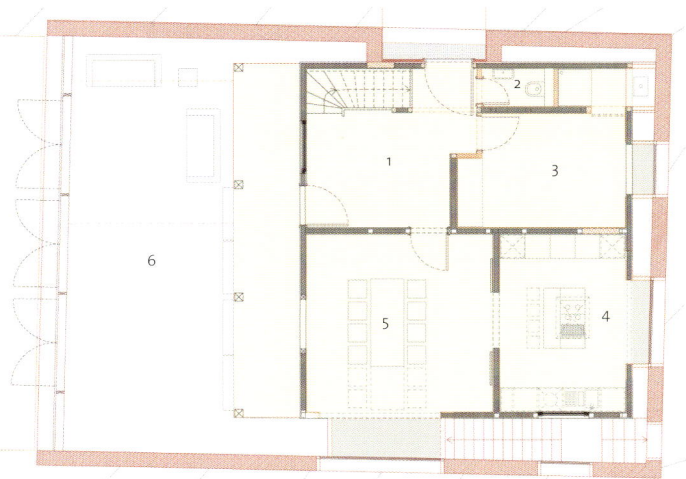

Erdgeschoss

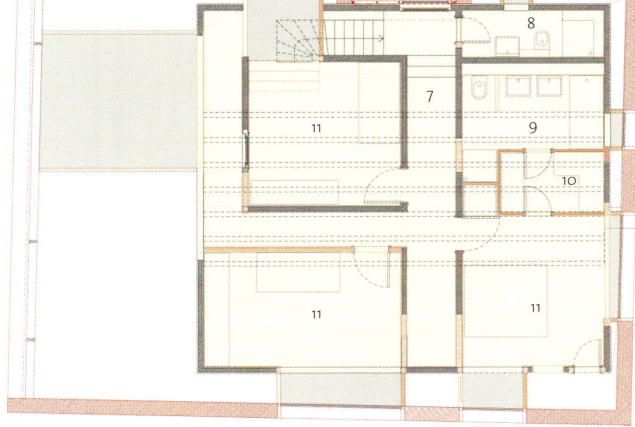

Obergeschoss

1 Eingang
2 WC
3 Abstellraum
4 Kochen
5 Essen
6 Wohnen
7 Flur
8 Bad
9 Ensuite-Bad
10 Ankleide
11 Schlafen

▨▨▨ Neubau

>> Projektdaten

Standort	61440 Oberursel
Architekten	Meixner Schlüter Wendt, Frankfurt
Bauherren	Juliane und Jürgen W.-L.
Fotos	Christoph Kraneburg, Köln
Grundstück	780 m²
Wohnfläche	vorher/nachher: 130 m²/190 m²
Baujahr	1929
Umbau	2005 bis 2006
Anzahl der Bewohner	4
Baukosten	€ 350 000 (ohne Baunebenkosten)
Energiekonzept	**Heizung/Warmwasser:** Gasbrennwerttherme, Einzelheizkörper und Konvektoren, Lüftung mit Wärmerückgewinnung **Wärmedämmung:** Außenwände: 36,5 cm Poroton Thermoplan T10 (WLG 040); Dach: 27 cm Spannbeton, 6 cm Wärmedämmung, Gefälledämmung Durchmesser 15 cm (WLG 035) **Fenster:** Holz-Aluminium, U-Wert 1,4 W/m²K

>> Kommentar der Architekten

Die massive Hülle stellt unseres Erachtens eine optimale bauphysikalische Aufwertung des in dieser Hinsicht sehr unzureichenden, dünnwandigen Holzhauses dar. Dergestalt ummantelt, wird das innere Haus gleichsam zu einem »Holzeinbau-Möbel«.

Jürgen Mrosko, München

Kleiner Anbau, große Wirkung

Im Osten Münchens entstand in den 1960er-Jahren eine Reihenhaussiedlung mit rechtwinklig zur Straße angeordneten Häuserzeilen. Die Einheiten haben identische Grundrisse und sind nur über einen Fußweg erschlossen, somit sehr ruhig gelegen. Bei vielen steht mittlerweile eine Sanierung an. Welche Möglichkeiten dabei die freie Giebelfassade eines Reihenendhauses bietet, zeigt dieses von Jürgen Mrosko betreute Projekt.

Ziel war es, die große Gartenfläche im Westen auch von innen heraus erlebbar zu machen und mehr Licht ins Gebäude zu bringen. Außerdem sollte im Dach ein zusätzlicher Wohnraum entstehen, Küche und Bäder neu gestaltet sowie vor die beiden Obergeschossräume ein Balkon gesetzt werden. Um einen kubusartigen Anbau andocken zu können, ließ der Architekt die westliche Außenwand des Wohnzimmers entfernen. Ein längs eingezogener Stahlträger übernimmt deren statische Funktion. Den äußeren Raumabschluss bilden jetzt eine gemauerte Wandscheibe und großflächige Glasscheiben. Besonderheit der Schiebetür: Sämtliche Beschläge liegen außerhalb der Festverglasung. So schließt das rund 100 Jahre alte geölte Eichenparkett direkt an die Glasscheibe an und der Wohnraum geht fließend über den vorgelagerten Holzrost in den Garten über.

Die Wandscheibe setzt sich im Obergeschoss als Holzkonstruktion fort und bildet die Brüstung der Terrasse auf dem Flachdach des Anbaus. Eine filigrane Stahlkonstruktion dient dem zweiten Zimmer als Erschließungsgang. Der Anbau wurde außen gedämmt und mit einer in Schwedenrot lasierten waagerechten Holzverschalung aus Fichtenholzleisten verkleidet. Das Regenfallrohr sitzt hinter der stirnseitigen Verschalung, gemeinsam mit dem Dachfallrohr speist es den im Erdreich vergrabenen Brauchwassertank.

Auch im Bestand hat sich einiges geändert: Die Giebelfassade erhielt ein Wärmedämmverbundsystem. Das Küchenfenster wurde zu einer Glastür vergrößert und dadurch der direkte Zugang von der Küche in den Garten ermöglicht. Fenstertüren ersetzen die Fenster im Obergeschoss.

Der Speicher im Dachgeschoss ist jetzt ein komfortabler Wohnraum. Da das flach geneigte Dach nicht erhöht werden durfte, sorgt nun eine dreiseitig verglaste Dachgaube für Licht und ausreichend Stehhöhe.

Rechte Seite und unten   Eine vorgesetzte Wandscheibe begrenzt den neuen Wohnraum. Im Obergeschoss erschließt eine filigrane Stahlkonstruktion die Terrasse auch vom Schlafzimmer aus.

Links   Die dreiseitig verglaste Gaube wurde als Fertig-
element per Kran in einem
Arbeitsgang aufgesetzt.

Rechts   Mit Hilfe von pass-
genauen Rollcontainern lässt
sich auch der Kniestock unter
einem flach geneigten Dach
sinnvoll nutzen.

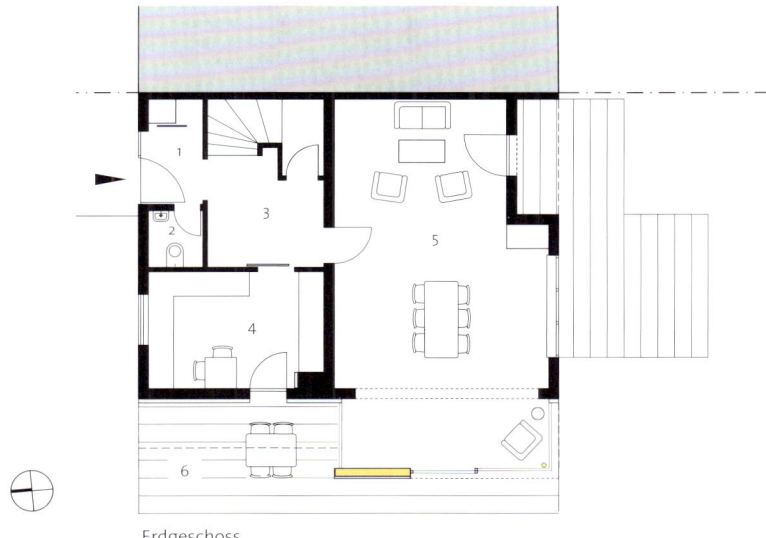

Erdgeschoss

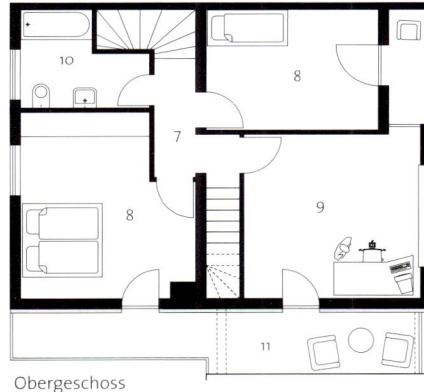

Obergeschoss

1 Eingang
2 WC
3 Flur
4 Kochen
5 Essen/Wohnen
6 Terrasse
7 Flur
8 Schlafen
9 Arbeiten
10 Bad
11 Balkon

Linke Seite unten Die Schiebetür ist außen geführt. So kann das Parkett bis zur Glasscheibe verlegt werden. Die rahmenlose Übereckverglasung gewährt einen weitwinkligen Ausblick in den Garten.

Unten Vor dem Umbau prägten Eternitschindeln und kleine Fensteröffnungen die Giebelfassade des Reihenendhauses. Der Garten bleibt außen vor.

>> Projektdaten

Standort	81737 München
Architekt	Jürgen Mrosko, München
Bauherren	Familie Klitzsch
Fotos	Bernhard Müller/www.journalfoto.de, Reutlingen
Grundstück	445 m²
Bebaute Fläche	83 m²
Wohnfläche	vorher/nachher: 114 m²/122 m²
Baujahr	1964
Umbau	2002
Anzahl der Bewohner	3
Baukosten	€ 60 000
Energiekonzept	Heizung/Warmwasser: Gastherme Bestand, 2 neue Plattenheizkörper im Anbau

Wärmedämmung: Außenwand Bestand Giebelseite: 12 cm Polystyrol-Hartschaum WDVS (WLG 040), Putz; Anbau: 12 cm Steinwolldämmung (WLG 040) vor der Ziegelwand, davor Windfolie und Holzverschalung; Dach: diffusionsoffener Aufbau, Dachsparren aufgedoppelt, Dämmung mit 22 cm Zelluloseflocken (WLG 040), zusätzlich außen 2 cm Holzweichfaserplatte (WLG 045)

Fenster: Dreischichtverleimtes Holz, weiß lasiert, Wärmeschutz-Isolierverglasung, U-Wert 1,1 W/m²K, Glasflächen Anbau: 14,5 m²

>> Kommentar des Architekten

Ein Anbau muss nicht wie »drangeklatscht« aussehen – ein sensibler Umgang mit der Substanz sollte auch zu guten Proportionen führen. Filigrane, hochwertige Details wie die stützenfreie Stahlkonstruktion des Balkons werten dieses Projekt auf. So wird das konfektionierte Reihenhaus zum individuellen Domizil mit deutlich mehr Wohnqualität.

Auf kleiner Parzelle

Die Feldmüllersiedlung ist ein geschichtliches Kleinod mitten in München-Gie-sing. Vor rund 160 Jahren ermöglichte dort eine private Grundstücksbesitzerin Handwerkern und Tagelöhnern den Bau eigener Häuser auf kleinen Parzellen. In jüngerer Zeit verfielen die meisten dieser Gebäude zusehends. Mittlerweile jedoch präsentiert sich die denkmalgeschützte Siedlung rundum erneuert und wieder als intaktes Wohngebiet. Auch dank so engagierter Bauherren wie des Architekten Jürgen Mrosko und seiner Lebensgefährtin Susanne Schmidt.

Im Jahr 2004 erwarben sie eines dieser Häuser, ein ehemaliges Herbergshaus. Es war schon höchst unterschiedlich genutzt worden, zuletzt als Kneipe mit ge-trennt zugänglicher Wirtswohnung im Obergeschoss. Der Grundriss bot für die Umwandlung in ein Wohnhaus eher ungünstige Eckdaten: Der größte Raum ori-entierte sich Richtung Norden, zur Straße hin; zum kleinen Innenhof nach Süden ordneten sich Nebenräume, die Treppe und eine separate Erschließung des Ober-geschosses an.

Rechte Seite   Blick in die idyllische Feld-müllersiedlung. Der kleine, nach Süden orientierte Innenhof des ehemaligen Her-bergshauses ist von der Straße aus nicht zu erahnen. Eine Oase in der Großstadt.

Unten   Der Haupteingang zum Wohn-bereich befindet sich an der Giebelseite. Die zweite Tür an der Vorderseite des Gebäudes führt in Jürgen Mroskos Archi-tekturbüro.

Die Aufgabe war jetzt, den gesamten Grundriss um 180 Grad nach Süden, zum ruhigen Innenhof hin zu drehen und auf der kleinen Fläche komfortable Wohnverhältnisse für einen Zwei-Personen-Haushalt mit Büro zu installieren.

Der wahre Charme des Gebäudes – und der städtebaulichen Situation – zeigt sich auf dessen Rückseite: Um 1,20 Meter breiter, verfügt es heute über einen großen, direkt an die südwärts gelegene Terrasse angebundenen Wohn-Essraum mit offener Küche. Die Bestandsfassade wurde auf dieser Seite komplett abgebrochen und durch eine Wand mit hochdämmenden Ziegeln ersetzt. Das Raum-Innenmaß orientiert sich am Raster der Küchenzeile – exakt sechs Schrankeinheiten von je 60 Zentimetern ließen sich einbauen.

Vier flexible Holzschiebeelemente verschatten die Verglasung des Wohnbereiches gegen die Sommersonne und schützen vor nächtlicher Winterkälte. Niveaugleich geht das aus einem alten sächsischen Tanzsaal eigenhändig ausgebaute und mühevoll Stück für Stück aufgearbeitete Eichenparkett in den Lärchenholzbelag der Terrasse über und lässt den Innenraum quasi mit dem Hof verschmelzen. Dadurch wirkt der Raum deutlich größer. Die außen geführten Schiebetüren verstärken diesen Eindruck. Sie ermöglichten eine bündig mit dem Parkett abschließende Festverglasung.

Nebenräume wie Eingang und Treppe sowie das Arbeitszimmer orientieren sich Richtung Straße. Somit halten sich Störungen durch den direkt an der Frontfassade verlaufenden Fußweg in Grenzen. Mittig situiert teilt die neue Treppe Erd- und Obergeschossgrundriss in jeweils zwei Hälften, denen Jürgen Mrosko ein klares Raumprogramm zugewiesen hat: unten vor der Treppe Erschließung, WC und Abstellraum, hinter der Treppe das separat von außen zugängliche Büro. Oben befinden sich das Schlafzimmer und das Rückzugs- oder Gästezimmer, getrennt durch ein voll funktionsfähiges Bad auf minimalen – abzüglich der Dachschräge – 3,5 Quadratmetern Fläche.

Linke Seite oben links   Die neue Treppe teilt den ehemaligen Kneipenraum mittig in zwei Bereiche. Jeder Hohlraum wurde genutzt, hier mit einer Garderobe.

Linke Seite oben rechts und unten   Der Garten schließt direkt an den Wohnbereich an. Schiebeelemente verschatten im Sommer die Südverglasung. Das 90 Jahre alte Eichenparkett verbindet sich mit den Lärchenholzdielen der Terrasse optisch zu einer Einheit.

Oben   Die Dachterrasse ist über das Schlafzimmer zugänglich. Auch dort wird jede Ecke genutzt: In den Nischen reiht sich eine kleine Bibliothek.

Oben rechts   Der Treppenzugang in das Dachgeschoss endet in einem offenen Studio. Es dient als Rückzugsbereich und Gästezimmer.

Rechts und rechte Seite   Auf minimaler Fläche ein ganzes Bad: Nischen in der Dusche und neben dem Waschbecken bieten Platz für Utensilien. Puristisch definiert eine Glasscheibe die Seitenwand der bodengleichen Dusche.

1 Büro
2 Abstellraum
3 Vorraum
4 WC
5 Kochen/Essen/Wohnen
6 Terrasse
7 Lager
8 Studio
9 Schlafen
10 Bad
11 Dachterrasse
12 ehemalige Kneipe
13 Kochen
14 WCs
15 Zugang OG

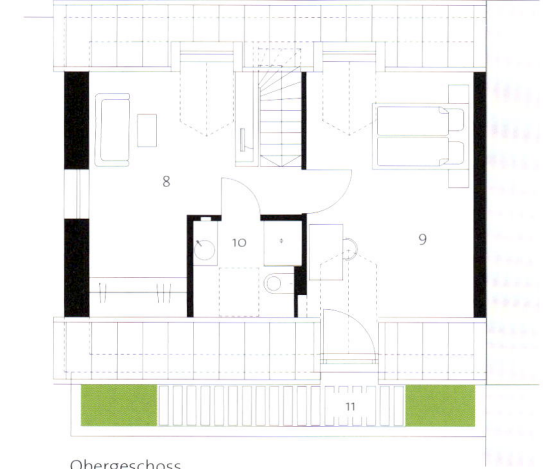

Obergeschoss

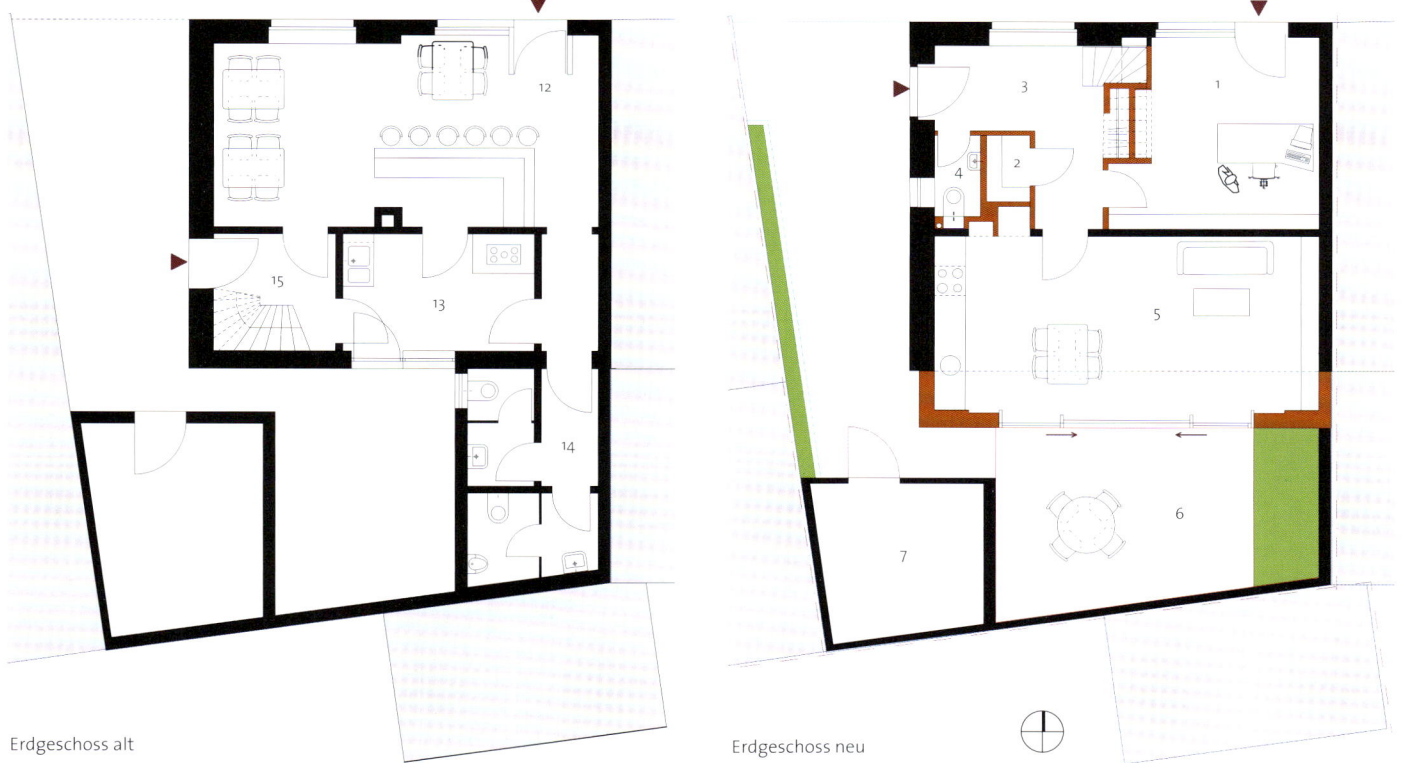

Erdgeschoss alt

Erdgeschoss neu

Rechts   Ein geschützter Atriumhof vor
dem Wohnbereich: Der Lärchenholzbelag
und das Kiesbett am Rand machen wenig
Arbeit.

Unten   Während des Umbaus: Eine
Zangenkonstruktion verlängert die
vorhandenen Deckenbalken, da die neue
Außenwand um 1,20 Meter nach außen
versetzt wurde.

>> Projektdaten

Standort	81541 München
Architekt	Jürgen Mrosko, München
Bauherren	Susanne Schmidt und Jürgen Mrosko
Fotos	Bernhard Müller/www.journalfoto.de, Reutlingen
Grundstück	140 m²
Bebaute Fläche	68 m²
Wohnfläche	vorher/nachher: 95 m²/110 m²
Baujahr	1859
Umbau	2004
Anzahl der Bewohner	2
Baukosten	€ 150 000
Eigenleistung	Planung, Abbruch, Parkett, Maler- und Außenarbeiten
Fördermittel	Zuschuss für Solarkollektoren, KfW-Kredit für Hausrenovierungsprogramm
Energiekonzept	**Heizung/Warmwasser:** Gasbrennwerttherme 11 kW, außen liegender Edelstahlkamin, 4 m² Sonnenkollektoren zur Brauchwassererwärmung, 300 l Speichertank **Wärmedämmung:** Außenwände Bestand: 12 cm mineralische Wärmedämmung, Putz; Anbau nach Süden: 36,5 cm porosierte Hochlochziegel mit Perlite-Füllung, U-Wert Wand 0,23 W/m²K; Dach: Dämmung mit 2 Lagen Holzweichfaserplatten (WLG 040), 15 cm zwischen und 5 cm unter den Sparren

>> Kommentar des Architekten

Kunstgriffe lassen kleine Häuser größer erscheinen. Wir erreichten dies durch Einbeziehen der Terrasse in den Wohnraum und durch konsequentes Nutzen von Nischen, beispielsweise in alten Türöffnungen und unter der Treppe. So wird jeder Quadratzentimeter sinnvoll genutzt – und Atmosphäre erzeugt.

Firstdrehung

Zunächst sah es schlecht aus für die geplante Erweiterung des gut erhaltenen Wohnhauses im schweizerischen Ennetbaden: Strikte Auflagen hinsichtlich der maximalen Gebäudehöhe schienen jeder diesbezüglichen Aktivität den Riegel vorzuschieben. Doch die Architekten tricksten: Sie drehten die Firstrichtung um 90 Grad und setzten dem Baukörper ein neues, asymmetrisches Satteldach auf. Damit erzielten sie hangseitig eine Traufhöhe von sieben Metern. Zusätzlich gewann das Haus im Obergeschoss an der dem Tal des Flusses Limat abgewandten Seite deutlich mehr Volumen.

Der bestehende Grundriss wies Rücksprünge in den beiden Längsfassaden auf; in seiner jetzigen, erweiterten Form bildet er einen rechteckigen Kubus. Das Entfernen von Zwischenwänden ließ die drei unterschiedlich großen Erdgeschossräume zu einem offenen Bereich für Kochen, Essen und Wohnen verschmelzen. Dieser orientiert sich über die gesamte Fassadenlänge in Richtung der neu aufgebauten Terrasse. Das Obergeschoss verfügt nach dem Umbau über geräumigere Zimmer in einer klar strukturierten Abfolge.

Rechte Seite beide   Die asymmetrische Dachneigung resultiert aus der maximalen Ausnutzung der erlaubten Firsthöhen. Hinter einheitlicher Fassadenverkleidung sind Alt- und Neubau nicht mehr zu differenzieren.

Unten   Leicht auszumachen zwischen den benachbarten Gebäuden: das 1947 gebaute Haus mit nun gedrehter Dachrichtung.

Um die Schnittstellen zwischen Bestand und Neuem zu kaschieren, ließen die Architekten das gesamte Gebäude mit einheitlichen Holztafelelementen verkleiden.
Dadurch eröffnete sich im Erdgeschoss die Möglichkeit, die bestehende Mauer-
werkswand nachträglich mit einer 14 Zentimeter starken Wärmedämmung zu
versehen. Bei den addierten Wänden im Obergeschoss wurde die Steinwolle direkt
in die Holzelemente gelegt; die Holztafeln sind hier mit einem Hinterlüftungs-
abstand vorgehängt. In ihrer schlichten Geometrie korrespondieren diese hell lasierten Tafeln mit den Sichtbetonflächen der Terrasse und des Eingangsbereiches.
Entstanden ist ein neues Ganzes, das den Bestand mit Holzelementen verwebt
und den Ansprüchen der Bauherren rundum gerecht wird.

Bewusst dezent und zurückhaltend sind auch die Innenräume gestaltet: Nur
wenige verschiedene Materialien mit teils unbehandelten Oberflächen wurden
verwendet. Leicht eingefärbte Gussasphaltplatten dienen als robuster Bodenbelag. Die Wände sind weiß verputzt, das Deckenelement wurde weiß lasiert und
zeigt noch Holztextur. Ebenso minimalistisch präsentieren sich die schlichten, aus
MDF-Platten gefertigten und ebenfalls weiß lackierten Einbaumöbel.

Oben und rechts unten   Die Einbau-
möbel bilden einen elementaren Teil der
Raumgestaltung. Sie fügen sich in ihrer
Schlichtheit wie selbstverständlich ein.

Unten links   Idealer Platz fürs kreative
Kochen: Hinweg über den frei stehenden
Küchenblock und die vorgelagerte Ter-
rasse mit ihrem quadratisch überdachten
Sitzplatz im Eck fällt der Blick tief ins Tal.

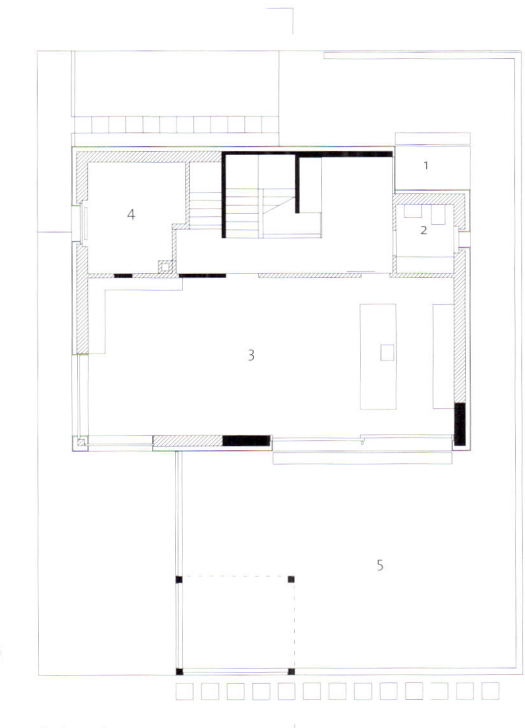

Erdgeschoss

Obergeschoss

1 Eingang
2 Bad/WC
3 Kochen/Essen/Wohnen
4 Arbeiten
5 Terrasse
6 Flur
7 Schlafen
8 Bad
9 Arbeiten

Unten   Der ursprüngliche Baukörper
mit seinen Rücksprüngen in der Fassade
wirkte am Hang eher gedrungen.

>> Projektdaten

Standort	5408 Ennetbaden, Schweiz
Architekten	Architektur Max Müller, Baden, Schweiz
Bauherren	Familie H.
Fotos	René Röteli, Baden, Schweiz
Grundstück	721 m²
Bebaute Fläche	108 m²
Wohnfläche	vorher/nachher: 120 m²/180 m²
Baujahr	1947
Umbau	2005
Anzahl der Bewohner	2
Baukosten	ca. € 426 000
Energiekonzept	**Heizung/Warmwasser:** Ölheizung Bestand von 1995, jährlicher Verbrauch 1400 l, Bodenheizung im EG, Radiatoren im OG, jährliche Heizkosten ca. € 1 000
	Wärmedämmung: Außenwände EG: 14 cm Steinwolle auf bestehendem Mauerwerk; Außenwände OG: Steinwolle im Holzelement, hinterlüftete Holzschalung; Dachdämmung: 16 cm Steinwolle, 2,7 cm Holz-Dreischichtplatte B-C
	Fenster: Holz-Metall-Konstruktion, Wärmeschutz-Isolierverglasung

>> Kommentar der Architekten

Erst durch die Drehung des Daches, das nun der Form des Hanges folgt, ließen sich die Gebäude-höhe und die Volumina maximal ausnützen. Ursprünglich wollten wir das Haus in Massivbauweise ergänzen. Da auf dem benachbarten Grundstück jedoch kein Baukran aufgestellt werden durfte, verlegten wir uns auf vorgefertigte Holzelemente, die wir von der Straße aus mit dem Autokran einschwenkten.

Müller-Stüler und Höll Architekten, Berlin

Mit viel Idealismus

Für das Architektenpaar Katharina Müller-Stüler und Florian Höll war es Liebe auf den ersten Blick. Schon mehrere Jahre hatte das denkmalgeschützte Haus zum Verkauf gestanden – allerdings in einem so abgewohnten Zustand, dass nur Idealisten zum potenziellen Käuferkreis des mit 72 Quadratmetern recht kleinen Gebäudes zählen konnten.

1927 von der Berliner Zentrale der Deutschen Werkstätten AG, den Vorreitern moderner Inneneinrichtung, im Stil des Neuen Bauens errichtet, diente es zunächst als Ferienhaus, nach 1945 bis April 2005 als reines Wohnhaus. Die Grundstruktur blieb über die Jahre weitgehend erhalten. Zu DDR-Zeiten allerdings erhielt das Holzständergebäude einen vorgelagerten Kohlenkeller, zudem wurde die vollständig erhaltene Veranda an der Südseite behelfsmäßig mit alten Holzfenstern und verputzten Leichtbauplatten geschlossen.

An größeren Bauschäden fanden sich eindringende Feuchtigkeit und Insektenbefall im Badbereich, auch waren verschiedene tragende Balken durch Granatsplitter massiv beschädigt. Es grenzt an ein Wunder, dass die Hölzer kein Feuer fingen. Als weitgehend trocken erwiesen sich die aus Reichsformatziegeln hergestellten Kellerwände. Im nicht unterkellerten Teil des Hauses hingegen hatte aufsteigende Feuchtigkeit wohl den Dielenboden verrotten lassen – hier lag eine nach Kriegsende eingebrachte Estrichkonstruktion.

In enger Zusammenarbeit mit dem Denkmalamt restaurierten die beiden gebürtigen Berliner ihren neuen Besitz. Das Kleinod sollte von einer Familie zeitgemäß bewohnbar sein, deshalb wurde als einziger struktureller Eingriff die Trennwand zwischen Küche und Wohnzimmer entfernt. Eine moderne Gasheizung, neue Rohrleitungen, sanitäre Einbauten, Elektroinstallationen und Dämmschichten – wo möglich – konnten die Handwerker mit viel Geschick in den Bestand integrieren.

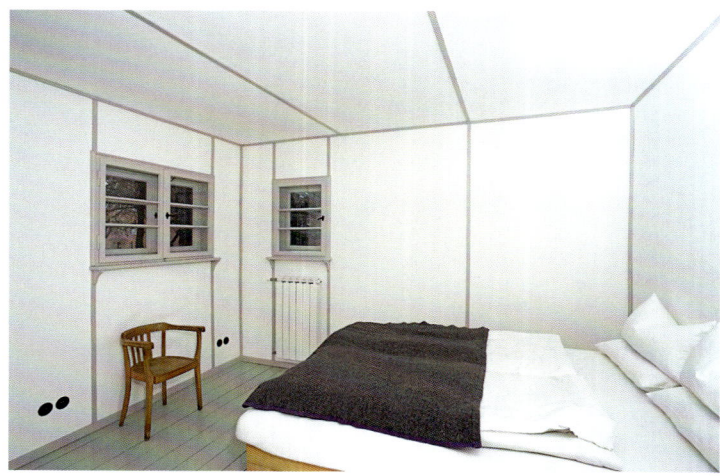

Bei allen Oberflächen und Details orientierten sich die beiden Altbauspezialisten genauestens am Original. Anhand sorgfältiger Analyse der Anstriche ließ sich das ursprüngliche Farbkonzept rekonstruieren. Wie damals wurden wieder Naturharz- und reine Leinölfarben verwendet. Kurioserweise waren die gewünschten Farbtöne hierzulande nicht verfügbar, sie mussten eigens aus Schweden importiert werden.

Das Ehepaar suchte auf Flohmärkten und in den Katalogen von Nischenanbietern nach Ersatz für verloren gegangene Beschläge und erwarb authentisch aus Bakelit nachgegossene Schalter und Steckdosen. Die flachen Aluguss-Heizkörper stammen als moderne und schön ins Bild passende Zutat aus Italien.

Wenn Florian Höll auf der Veranda die Westerngitarre spielt – vorzugsweise Country – schließt sich der Kreis: Aus dem nordamerikanischen Holzbau stammte das Know-how für die ersten deutschen Fertighäuser dieser Art; und hier, unter den hohen, luftig über das Grundstück verteilten Berliner Bäumen fühlen sich die beiden Architekten hundertprozentig heimisch – und irgendwie auch, als wären sie im Urlaub.

Linke Seite oben   Das Elternschlafzimmer im Dachgeschoss. Die sorgfältig
aufgearbeiteten Doppelkastenfenster
verfügen jetzt wieder über ihre charak-
teristische Sprossenteilung.

Oben und linke Seite unten   Das Entfernen einer Trennwand zwischen Küche
und Wohnzimmer ergab einen modern-
offenen Erdgeschossgrundriss. Statt des
nicht originalen Betonfußbodens wurde
ein wärmegedämmter Dielenfußboden
eingebaut.

Oben beide   Wandel der Zeiten: 1965
(links) hatte das Gebäude eine dunkle
Fassade. Das Foto aus dem dem Jahr 1927
(rechts) zeigt es so, wie es sich auch heute
präsentiert. Die Fensterläden wurden
restauriert und nach Farbbefund neu
gestrichen.

Rechte Seite   Die Sanitärleitungen
in die nur 18 Zentimeter starke Wand
einzubringen, hätte einen zu großen
Eingriff bedeutet. Zweckentfremdet, aber
funktional: Die Duschbrause ist eigentlich
Gartenzubehör.

>> Projektdaten

Standort	14532 Kleinmachnow
Architekten	Müller-Stüler und Höll Architekten, Berlin
Bauherren	Katharina Müller-Stüler und Florian Höll
Fotos	Bernhard Müller/www.journalfoto.de, Reutlingen
Grundstück	900 m²
Bebaute Fläche	55 m²
Wohnfläche	72 m²
Baujahr	1927
Umbau	2006
Anzahl der Bewohner	3
Baukosten	€ 70 000 reine Baukosten (brutto)
Eigenleistung	ca. € 10 000
Fördermittel	Denkmalförderung
Energiekonzept	**Heizung/Warmwasser:** Gasbrennwerttherme, neue Heizkörper (Faral 80), Gussofen, elektrische Fußbodenheizung auf Trockenestrich in WC und Badezimmer, jährlicher Heizwärmebedarf ca. 123 kWh/m² **Wärmedämmung:** Außenwände: 12 cm Zellulose (WLG 040), eingeblasen; Dach: Torfdämmung Bestand mit Zellulose (WLG 040) aufgeblasen bis 40 cm **Fenster:** Kastendoppelfenster Holz Bestand

>> Kommentar der Architekten

Bei einem solchen Haus kann man den Begriff »Kernsanierung« vergessen – es lässt sich nicht in ein neues verwandeln. Hier gilt: Ein altes Haus ist ein altes Haus und bleibt ein altes Haus. Da Rekonstruktion und Modernisierung in Einklang gebracht werden mussten, war erstklassige handwerkliche Arbeit – vor allem der Zimmerer – gefragt. Gestalterisch, konstruktiv und bei der Auswahl der Materialien orientierten wir uns konsequent am Original.

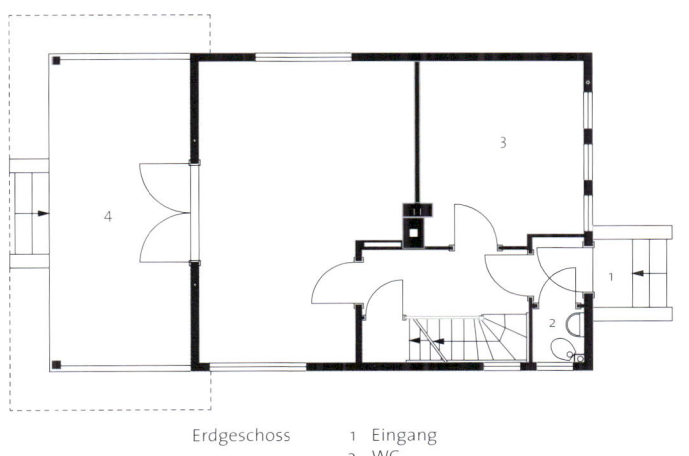

Erdgeschoss   1 Eingang
                        2 WC
                        3 Kochen/Essen/Wohnen
                        4 Terrasse

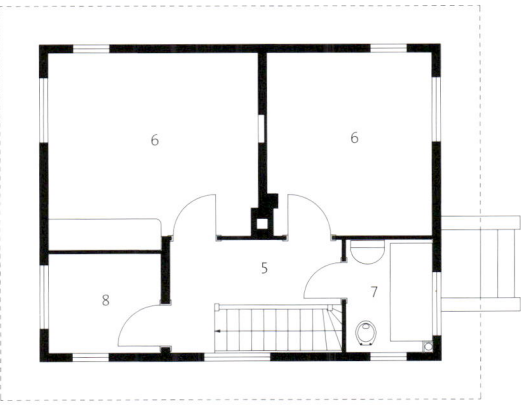

Obergeschoss   5 Flur
                         6 Schlafen
                         7 Bad
                         8 Arbeiten

Erschwinglich

Katja und Frank Prochiner hatten »sehr urban« zwei Jahre in München gelebt, als sie ihr zweites Kind erwarteten. Nun suchten sie ein kleines Haus, etwas Erschwingliches mit kleinem Garten. Kein Wunder, dass sie auf dem Münchner Immobilienmarkt nicht fündig wurden. Dafür ergab sich die Gelegenheit, in Reutlingen, dem schwäbischen Heimatort von Katja Prochiner, ein Siedlungshaus aus der Familie ihres Stiefvaters zu übernehmen. Es war in den 1930er-Jahren für Selbstversorger konzipiert worden, mit Heuboden unter dem Dach, großen Grundstücken für Gemüseanbau und genug Platz für Kleintierhaltung.

Das Architektenehepaar wollte das schmucklose Gebäude für sich und den Nachwuchs voll nutzbar und den tollen Garten richtig erlebbar machen. Eine Veranda, Eiche-Faltklappläden und entsprechende Farbgebung sollten für dezentes Landhausambiente sorgen. Drei Monate lang arbeitete Frank Prochiner zahllose Stunden auf der Baustelle, während die Familie bei den Schwiegereltern wohnte. Er riss Zwischenwände, Einbauten und alle Fensterbrüstungen ab, entfernte im Dachgeschoss die Verkleidung der Kehlbalken, PVC-Falttüren, geschäumte Kas-

Rechte Seite und unten   Fußbodentief verlängerte Fassadenöffnungen und das rückseitig vorgelagerte Holzdeck lassen Familie Prochiner ihren Garten viel intensiver erleben. Kostendämpfend: Die alte Ziegeldeckung blieb unverändert. Floral geformte Stahlintarsien schmücken den Weg zum Haus.

Links Als Einraum konzipiert: das Reich der beiden Kinder. Für ein besseres Raumgefühl wurden die Kehlbalken freigelegt. In absehbarer Zeit sollen links und rechts des Kaminkerns Schiebetüren angebracht werden.

settendecken und vieles mehr, bis quasi nur noch der Rohbau stand. Auch einen Großteil aller folgenden Arbeiten konnte der gelernte Werkzeugmacher in Eigenleistung ausführen – inklusive der Sanitärinstallationen.

Die Kinder Marie und Paul, heute neun und elf Jahre alt, durften ihr eigenes Reich im Dachgeschoss beziehen. Es verfügt über ein abgetrenntes Bad; die restliche Fläche war zunächst als Einraum angelegt, wurde aber später hinter dem Kaminkern mit einer Zwischenwand versehen – so kann jedes Kind auch mal für sich sein. Demnächst werden sich die beiden dank Schiebetüren wohl noch ungestörter fühlen dürfen.

Auch das Erdgeschoss ist nicht wiederzuerkennen. Der offene Wohn-Essbereich profitiert von den sprossengeteilten Fenstertüren, die den Garten gleichsam ins Haus holen. Und mit dem separaten Elternschlafzimmer scwie dem Bad-Bereich ist hier – wohl durchdacht – in überschaubarem Volumen alles für ein komfortables Leben gegeben. Der Teakholzboden macht das Ganze noch wohnlicher (Bauherren-Tipp: Nur ölen, das gibt eine schönere Patina!).

Das Büro befindet sich gleich nebenan, im ehemaligen Kodak-Pavillon, den Frank Prochiner nach einer Expo-Weltausstellung in Hannover erwarb. Die Stahlkonstruktion steht mit ihren Holz- und Glasausfachungen auf einem neu betonierten Keller. Zur Straße hin mit Glasschuppung, zum Garten mit horizontalen Holzriemchen verkleidet und insgesamt gut gedämmt, hat sie sich zur Kreativwerkstatt entwickelt, in der zukunftsträchtige Projekte wie das »24-Stunden-Haus im Stecksystem« entstehen.

Oben und rechte Seite unten links Großformatige Blicke ins Grüne: Überall im Erdgeschoss ist der Bezug zu den Außenanlagen gegeben. Relativ kleine, offene Grundrisse erscheinen größer, wenn der Boden nur mit einem Material (hier Teakholz-Parkett) belegt ist.

Rechte Seite unten rechts Als optisches Pendant zu Holzflächen sind möglichst hell gehaltene Decken und Wände immer eine gute Wahl. Wandöffnungen machen die räumliche Struktur noch transparenter: Hinter der Garderobe befindet sich das Bad.

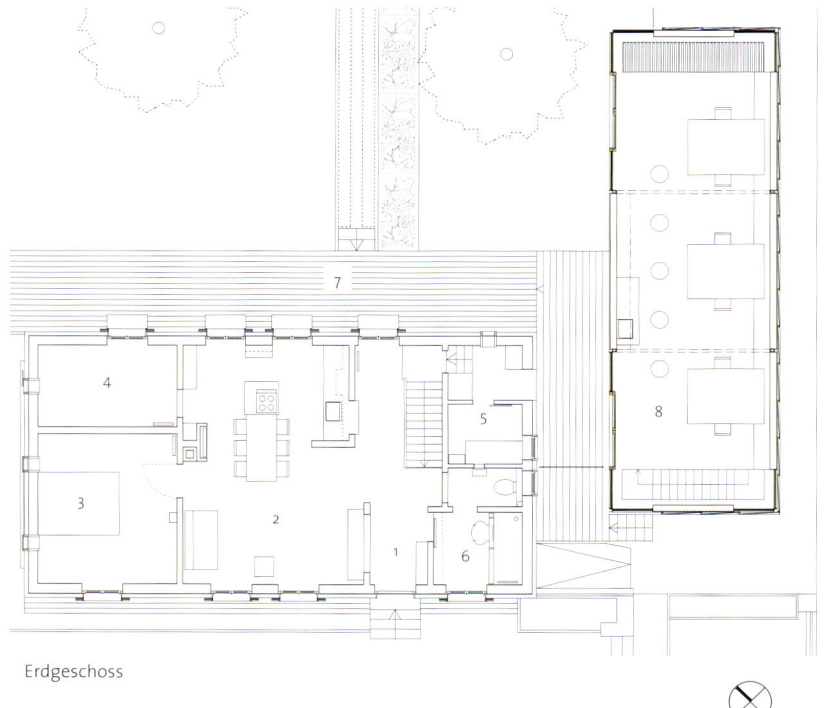

Erdgeschoss

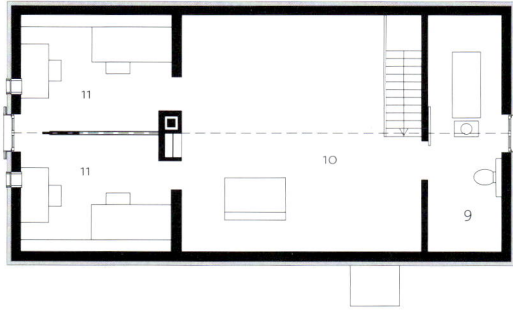

1 Eingang
2 Kochen/Essen/Wohnen
3 Schlafen
4 Arbeiten
5 Hauswirtschaft
6 Bad
7 Terrasse
8 Büro
9 Bad
10 Studio
11 Schlafen

Obergeschoss

>> Projektdaten

Standort	72760 Reutlingen
Architekten	p² prochiner architekten, Reutlingen
Bauherren	Katja und Frank Prochiner
Fotos	Bernhard Müller/www.journalfoto.de, Reutlingen
Grundstück	815 m²
Bebaute Fläche	Wohnhaus 82 m², Büro 48 m², Garage 36 m²
Wohnfläche	vorher/nachher: 105 m²/105 m², neu: Atelier 45 m²; Unterkellerung 45 m²
Baujahr	1937
Umbau	1999 bis 2002
Anzahl der Bewohner	4
Baukosten	€ 150 000
Eigenleistung	ca. € 20 000
Fördermittel	Lakra-Kredit (Landeskreditbank Baden-Württemberg), Eigenheimzulage, Baukindergeld
Energiekonzept	Heizung/Warmwasser: Gaszentralheizung 6 kW Bestand, Heizkörper, Radiatoren, Fußbodenheizung im Büro, Solaranlage in Planung, jährlicher Heizwärmebedarf 33 kWh gesamt
	Wärmedämmung: Fassaden Altbau: 8 cm WDVS Polystyrolhartschaum (WLG 040); Dach: 12 cm Zwischensparrendämmung, Mineralwolle (WLG 040)
	Fenster Altbau: Holz, U-Wert 1,1 W/m²K

>> Kommentar der Architekten

Wer sich für ein altes Siedlungshaus interessiert, sollte sich genau überlegen, wie viel Stauraum die Bewohner dort benötigen. Nach Abriss mehrerer Zwischenwände konnten wir nicht so viele Schränke stellen, wie wir eigentlich wollten. Und der Kniestock im Dachgeschoss ist zu niedrig, als dass sich die Schrägen durch Einbaumöbel hätten nutzen lassen. Ansonsten fühlen wir uns hier äußerst wohl.

Rechte Seite oben   Auf der Expo in Hannover erstanden Prochiners einen Pavillon, den sie zerlegen und als Anbau vor die Giebelwand ihres Hauses setzen ließen. Er wird als Büro genutzt und ist gartenseitig mit horizontalen Holzriemchen verkleidet.

Rechte Seite unten   Zur Straße zeigt sich das Büro mit einer Glasschuppung. Die ausgefachte Stahlkonstruktion steht auf einem betonierten Keller. Sie bietet Sicht- und Windschutz für den Garten dahinter.

Unten   Das Entkernen versetzte das gut erhaltene Siedlungshaus zunächst quasi in den Rohbauzustand zurück.

SYNdikat AG, Dietmar Mayer, Reutlingen – Jutta Wetzel, Metzingen

Alter Charme neu belebt

Wenn ein handwerklich geschicktes Ehepaar – eine Innenarchitektin und ein Sohn aus traditionsreicher Zimmermannsfamilie – einen Altbau saniert, ist das eigentlich allein eine Garantie für hochwertige Gestaltung. Ein Glücksfall, wenn zudem die Zusammenarbeit zwischen der Bauherrin und dem Architekten so gut klappt wie bei diesem Projekt: Sie brachte die Ideen und Entwürfe, er entwickelte die Details. Der Vater von Jutta Wetzel erwarb das 1913 gebaute und damals für zwei Familien ausgelegte Wohnhaus und ließ dem jungen Ehepaar freie Hand bei der Anpassung an die Bedürfnisse der inzwischen dreiköpfigen Familie. Übernommen haben es die Wetzels als Einfamilienhaus mit historischen Details wie Stuck, Dielenböden aus Pitchpine und Holztreppen zwischen den Wohngeschossen.

Kubatur und Dachform des Wohnhauses blieben erhalten. Angebaut wurden eine Garage, eine glasüberdachte Terrasse sowie ein Windfang mit einer besonderen Schiebe-Klapptür: Ihr Drehpunkt ist um 35 Zentimeter nach innen versetzt. Geschlossen fügt sie sich nahtlos in die Gesamtkonstruktion ein. Zwischen Wohnhaus und dachbegrünter Garage an der Südwestseite verläuft ein Steg mit Douglasienholzbelag, der über bodentiefe Fenster vom Haus aus begehbar ist und über Stufen in den Garten führt. Die Holzverkleidung der Garage öffnet sich zum Garten mit einem dreiteiligen Tor im Gewächshauscharakter.

Wo zuvor Rollladenkästen über einflügeligen Fenstern eine etwas trostlose Fassadenansicht boten, sitzen heute weiße Kiefernholzfenster. Die Sprossenteilung hat Jutta Wetzel selbst gezeichnet, eine Firma mit Know-how im Denkmalbereich baute die Fenster. Harmonisch gerahmt werden sie von Holzklappläden, deren Kloben direkt in das Zedernholzfutter eingelassen sind. So wirken Fenster und Klappläden als Einheit.

Das Erdgeschoss des unterkellerten Wohnhauses liegt im Hochparterre. Durch Entfernen der Zwischenwände entstand aus Küche-, Ess- und Wohnzimmer ein heller, L-förmiger Raum, das ehemalige Schlafzimmer neben dem Eingang wurde zum Arbeitszimmer. Im Obergeschoss verbinden sich zwei Räume zu einem 10 Quadratmeter großen Bad, dessen Wandoberflächen in Kalkpresstechnik feuchteresistent ausgeführt sind. Auch das Schlafzimmer mit Ankleide sowie das Kinderzimmer sind hier untergebracht. Der ehemals ungenutzte Speicher im

Rechte Seite Die glasüberdachte Terrasse, eine Douglasien-Leimholzkonstruktion mit Stahlunterbau, verbindet über zwei Treppenabgänge das im Hochparterre gelegene Erdgeschoss mit dem Garten. Auch die rechts angeschnitten im Bild zu sehende Garage ist neu angebaut.

Unten Eine besondere Windfangkonstruktion: Der Drehpunkt der Schiebe-Klapptür ist um 35 Zentimeter nach innen versetzt.

Dachgeschoss erhielt am Treppenaufgang eine Dachverglasung und dient nun als Spielbereich der Tochter sowie als Gästezimmer.

Die Bauherren haben in den rund sechs Monaten Umbauzeit so gut wie jeden Tag auf der Baustelle verbracht und zum Beispiel Sockelleisten, Holzsimse und Fensterlaibungen erneuert, die Fenster der Südwestseite zum Boden verlängert, Holzdielen geschliffen und mit ökologischem Wachs versiegelt sowie den Stuck restauriert. Dies setzt zwar gewisse Fertigkeiten voraus, spart aber einiges an Kosten.

Linke Seite oben   Neue Kiefernholzfenster mit Klappläden gliedern die
Fassade harmonisch. Die Sprossenteilung
zeichnete Jutta Wetzel selbst und ließ
ihre Entwürfe von einem hervorragenden
Fensterbauer umsetzen.

Linke Seite unten   Zwischen Haus und
Garage verläuft ein Steg. Gartenseitig
sollte der Schuppenteil der Garage einen
Gewächshaus-Charakter erhalten. Jutta
Wetzel erzielte dies durch eine schlichte
Stahlkonstruktion, die ein Schlosser nach
ihren Vorgaben fertigte und die sie mit
einer selbst zugeschnittenen Spezialfolie
beklebte.

Oben   Das Gäste- und Spielzimmer
unterm Dach erhält viel Licht von den
großen Dachflächenfenstern. Früher war
es ein ungenutzter Speicher. Die Dachbal-
ken wurden aufgedoppelt, um Platz für
ausreichend Dämmmaterial zu erhalten.

Links   Recycling: Das Treppengeländer stammt aus einem Abrisshaus. Restauriert wertet es das ohnehin ansehnliche Treppenhaus noch weiter auf.

>> Projektdaten

Standort	72555 Metzingen
Entwurfsplanung/teilweise Ausführungsplanung Innenräume	
	Jutta Wetzel, Metzingen
Ausführungsplanung	SYNdikat AG, Dietmar Mayer, Reutlingen
Bauherr	Wilhelm Dieterle
Fotos	Bernhard Müller/www.journalfoto.de, Reutlingen
Grundstück	850 m²
Bebaute Fläche	ca. 83 m², Garage ca. 34 m²
Wohnfläche	ca. 134 m²
Baujahr	1913
Umbau	2004 bis 2007
Anzahl der Bewohner	3
Baukosten	€ 320 000 inkl. Erd- und Steinarbeiten Außenanlagen
Eigenleistung	6 Monate täglich 2 Personen, an den Wochenenden Familieneinsatz mit bis zu 6 Personen
Energiekonzept	**Heizung/Warmwasser:** Gaszentralheizung Bestand von 1997, teilweise neue Heizkörper, jährlicher Heizwärmebedarf ca. 150 kWh/m²
	Wärmedämmung: Außenwände: Fachwerk mit 5 cm Polystyrol WDVS im Bestand, zusätzlich 10 cm Polystyrol WDVS (WLG 035); Dach: Innenausbau teilweise Bestand, 20 cm Zellulose Isocell (WLG 040), 3,5 cm parafinierte Holzweichfaserplatte (WLG 045)
	Fenster: Dreischichtverleimtes Kiefernholz, Wärmeschutz-Isolierverglasung, U-Wert 1,1 W/m²K; Dachverglasung: Wärmeschutz-Isolierverglasung, U-Wert 1,1 W/m²K, Sonnenschutzmembran

>> Kommentar der Innenarchitektin
Gute Planung und kreative, fähige Handwerker sind das A und O für ein optimales Ergebnis. Dabei sollten Bauherren auch den Mut haben, auf Details zu beharren, die sie unbedingt wünschen und die auf den ersten Blick schwer umsetzbar erscheinen. Bei uns waren dies die Aufhängung der Klappläden, die Türkonstruktion des »Gewächshauses« und die Drehtür des Eingangs-Vorbaus. Unsere Erfahrung: Gute Handwerker finden immer einen Weg!

1 Eingang/Windfang
2 WC
3 Arbeiten
4 Essen/Wohnen
5 Kochen
6 Veranda
7 Garage
8 Schuppen
9 Schlafen
10 Ankleide
11 Bad
12 Spielen/Gäste
13 Abstellraum

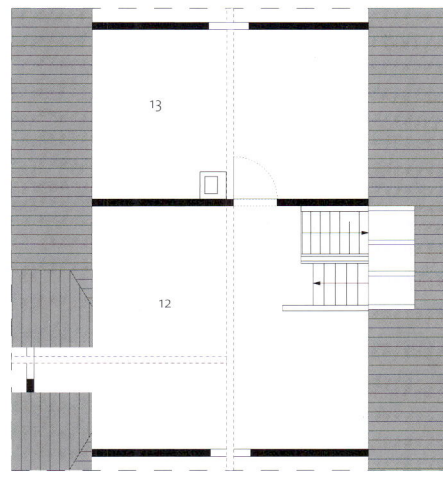

Dachgeschoss

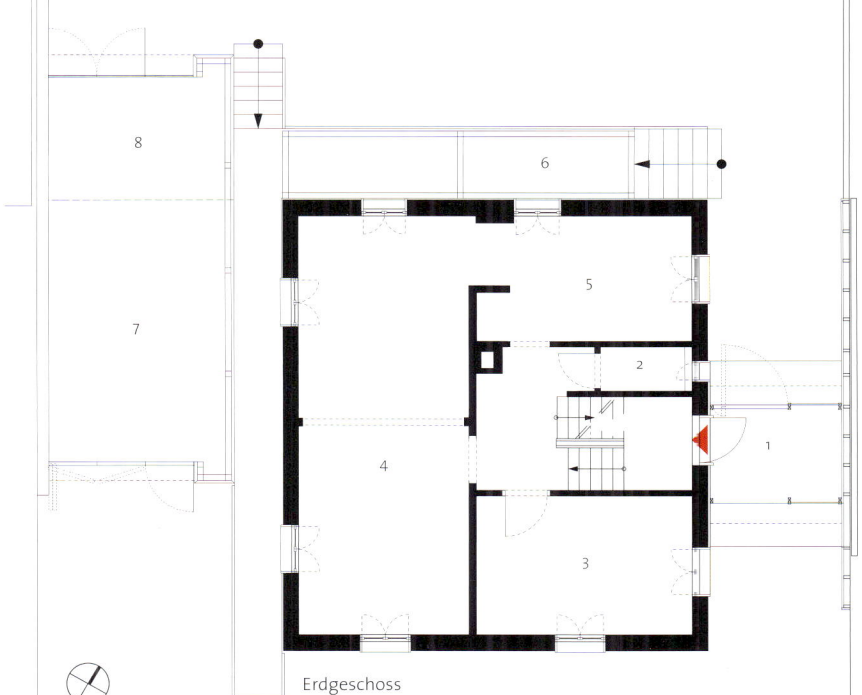

Erdgeschoss

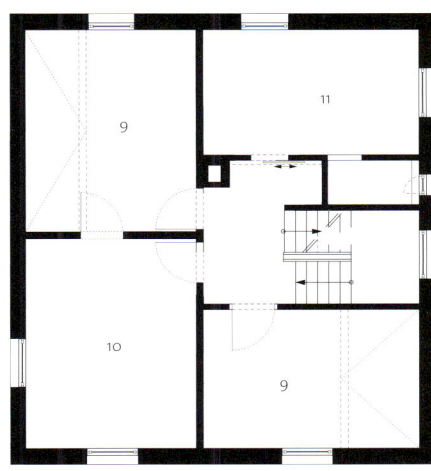

Obergeschoss

Links und rechts Der Vorher-nachher-Vergleich zeigt deutlich, wie wichtig Fenster für die Fassadengestaltung sind. Er ist außerdem ein Plädoyer für die guten alten Klappläden, die nach wie vor leider vielen Modernisierungen zum Opfer fallen.

Anhang

Nützliche Adressen und Links

Deutschland

Fördermittel
Investitionskredite für Fotovoltaik und thermische Solar-
anlagen: www.energiefoerderung.info
Ökologisches Bauen, Gebäudesanierungsprogramme,
Kredite und Zuschüsse: www.kfw-foerderbank.de
Energiesparen in Gebäuden vor 1983: www.dena.de,
www.neh-im-bestand.de, www.baufoerderer.de,
www.energiefoerderung.info
Marktanreizprogramme für erneuerbare Energien:
www.bafa.de

Landesförderinstitute
Baden-Württemberg: www.l-bank.de
Bayern: www.labo-bayern.de
Berlin: www.investitionsbank.de
Brandenburg: www.ilb.de
Bremen: www.bab-bremen.de
Hamburg: www.wk-hamburg.de
Hessen: www.lth-hessen.de
Mecklenburg-Vorpommern: www.lfi-mv.de
Niedersachsen: www.lts-nds.de
Nordrhein-Westfalen: www.nrwbank.de
Rheinland-Pfalz: www.lth-rlp.de
Saarland: www.finanzen.saarland.de
Sachsen: www.sab.sachsen.de
Sachsen-Anhalt: www.lfi-lsa.de
Schleswig-Holstein: www.ib-sh.de
Thüringen: www.aufbaubank.de

Steuerlich können beim jeweils zuständigen Finanzamt
geltend gemacht werden: Handwerkerleistungen zu 20 Prozent der Arbeitskosten pro Jahr bis maximal € 1 200 (ohne
Materialkosten), im Denkmalschutz 90 Prozent der Renovie-
rungskosten auf zehn Jahre verteilt, gemeindeseits besteht
meist Befreiung von Abgaben für das Anmieten öffentlicher
Flächen (Gerüst, Baustelleneinrichtung etc.).

Informationen zu den Themen Modernisieren und sinnvoller Energieeinsatz
Verband Privater Bauherren e.V. (VPB): Leitfaden für das
Modernisieren eines Hauses aus den 1950ern und 1960ern:
www.vpb.de
Bundesarbeitskreis Altbauerneuerung e.V. (BAKA), Informa-
tionen über Berater, Firmen, Förderprogramme; mit Litera-
turhinweisen und Beispielen: www.altbauerneuerung.de
Checkbuch für Gebrauchtimmobilien – ein Ratgeber der
Sparkassen-Finanzgruppe: www.sparkassen-shop.de
Bundesarchitektenkammer: Tipps für Bauherren (Architek-
tensuche, Honorar etc.): www.bak.de
Informationen zur Honorarordnung der Architekten:
www.hoai.de
Kriterien, nach denen der Modernisierungsbedarf eines
Gebäudes beurteilt werden kann, unterteilt nach Baujahren
und Bauteilen:
www.lbs.de/ost/modernisieren/modernisierungsbedarf
Modernisierungsratgeber zur Energieeinsparung:
www.co2online.de
Datenbanken für die Suche nach Sachverständigen:
www.svv.ihk.de, www.baufoerderer.de
Bauherren-Schutzbund und Verband privater Bauherren,
Beratung und Vermittlung von Sachverständigen:
www.bauherren-schutzbund.de, www.vpb.de

Gutachten und Qualitätskontrolle beim Hausbau:
www.tuev-nord.de, www.tuev-sued.de, www.dekra.de
Bundesarbeitskreis Altbauerneuerung, Beratung bei der
Altbausanierung und -modernisierung: www.bakaberlin.de
Informationen über erneuerbare Energien: www.bine.info
Deutsche Gesellschaft für Sonnenenergie (DGS), Simulation
energetischer Sanierung und deren Kosteneffizienz:
www.dgs.de
Initiative kostengünstig qualitätsbewusst Bauen (Bundes-
amt für Bauwesen und Raumordnung), Broschüren mit
Hinweisen zu staatlichen Förderungen, Planungen mit
Architekten und Ingenieuren, Gebäudeheizung, Energie-
kennwerten, Lebensdauer von Bauteilen etc.:
www.kompetenzzentrum-iemb.de
Fachagentur Nachwachsende Rohstoffe e.V., Informationen
über Themen wie nachhaltige Energie und umweltverträg-
liche Werk- und Dämmstoffe: www.fnr-server.de
Arbeitskreis Ökologischer Holzbau e.V. (AKÖH):
www.akoeh.de

Österreich

Fördermittel
Informationen über Wohnbauförderungen, unterteilt nach
Bundesländern:
www.wohnnet.at/wohnbaufoerderungen.htm
Übersicht und Links zu Förderungen und Finanzierungen,
unterteilt nach Bundesländern unter www.help.gv.at

Informationen zu den Themen Modernisieren und
sinnvoller Energieeinsatz
Online-Plattform zum Thema Bauen und Wohnen:
www.wohnnet.at

Architekturbeispiele, Erläuterungstexte: www.nextroom.at
Architekturzentrum mit Baudatenbank: www.azw.at
Energieinstitut Vorarlberg: www.energieinstitut.at
Verband Österreichischer Umweltberatungsstellen:
www.umweltberatung.at
Beratungsforum für Wohnen, Hausbau und Sanierung:
www.energiesparhaus.at

Schweiz

Fördermittel
Die Förderbeiträge sind in den 26 Kantonen unterschiedlich
organisiert. Planungen sollten mit dem jeweils zuständigen
AUE (Amt für Umwelt und Energie) abgeklärt werden.
Übersicht zu den diversen finanziellen Fördermöglichkeiten
in den Kantonen: www.bfe.admin.ch/energie
Stiftung Klimarappen: www.stiftungklimarappen.ch

Informationen zu den Themen Modernisieren und
sinnvoller Energieeinsatz
Informationen über den Qualitätsstandard »Minergie«:
www.minergie.ch
Gebäudeprogramm für den Kanton Zürich:
www.energetisch-modernisieren.ch
Schweizerische Agentur für Energieeffizienz:
www.energieeffizienz.ch
Agentur für erneuerbare Energien und Energieeffizienz:
www.erneuerbar.ch
Informationen und Termine zu Bau-Fachmessen:
www.fachmessen.ch
Online-Forum zu den Themen Bauen, Renovieren, Garten
und Wohnen: www.hausbau-forum.ch
Schweizer Baumuster-Centrale: www.baumuster.ch

Architektenverzeichnis

Einleitung

>> Abb. S. 7 links + Mitte
3s architects and designers ltd
17a Prince's Road
GB-Richmond TW10 6DQ
info@3s-ad.com
www.3s-ad.com

>> Abb. S. 7 rechts; S. 9 links beide
AJM
Architekturbüro Jürgen Mrosko
Gabelsbergerstraße 62
80333 München
info@mrosko-architekten.de
www.mrosko-architekten.de
www.3s-ad.com

>> Abb. S. 8 links + Mitte beide
Damrau Kusserow
Architekten GbR
Kirchweg 49
50858 Köln
info@damrau-kusserow.de
www.damrau-kusserow.de

>> Abb. S. 8 rechts
Sigmar Lenz
Freier Architekt BDA
Katharinenstraße 27
72072 Tübingen
sigmar.lenz@online.de

>> Abb. S. 9 rechts
INhoch3
Dipl.-Ing. (FH) Thomas Dold
Peter-Maier-Straße 20
78166 Donaueschingen
thomas.dold@inhoch3.de
www.inhoch3.de

>> Abb. S. 10
endhardt
Martin Endhardt
Freier Architekt
Frauengäßchen 7
89312 Günzburg
info@endhardt.de
www.endhardt.de

>> Abb. S. 11
herter + krauss freie architekten
Rossgasse 15/1
88239 Wangen im Allgäu
info@architekten-herter-krauss.de
www.architekten-herter-krauss.de

>> Abb. S. 13 links
SYNdikat AG Zimmerei
Täleswiesenstraße 16
72770 Reutlingen
post@syndikat-ag.de
www.syndikat-ag.de

>> Abb. S. 13 Mitte
Keuper Baukunst
Oliver Keuper Dipl.-Ing. Architekt
Emmastraße 63
45130 Essen
keuper@arcor.de
www.oliverkeuper.de

>> Abb. S. 13 rechts
Vollmer Architekten
Bahnhofstraße 61
71409 Schwaikheim
peter.vollmer@vollmer-architekten.de
www.vollmer-architekten.de

Projektteil

Thomas Abendroth
Architekt Zt. Dipl.-Ing. (FH)
Linke Wienzeile 178 / 2 / 109 b
1060 Wien, Österreich
architekt@abendroth.at
www.abendroth.at

architektur.terminal
Hackl und Klammer
Dipl.-Arch. (FH) Martin Hackl
Dipl.-Arch. (FH) Dieter Klammer
Walgaustraße 41
6832 Röthis, Österreich
office@architekturterminal.at
www.architekturterminal.at

Buchner Bründler AG
Architekten BSA
Utengasse 19
4058 Basel, Schweiz
mail@bbarc.ch
www.bbarc.ch

Damrau Kusserow
Architekten GbR
Kirchweg 49
50858 Köln
info@damrau-kusserow.de
www.damrau-kusserow.de

Giovan Luigi Dazio
Via Ramogna 14
6600 Locarno, Schweiz
glddazio@gld-dazio.ch
www.gld-dazio.ch

db planungsgruppe
Architekten + Stadtplaner
Dieter Brandt, Dirk Baldauf
Friedhof 28
48565 Steinfurt
architekten@db-planungsgruppe.de
www.db-planungsgruppe.de

deephaus.architects
Schlossgasse 14/2/26
1050 Wien, Österreich
office@deephaus.at
www.deephaus.at

Dörr Architekten GmbH
Volker Dörr Architekt BSA
Pelikanweg 2
4054 Basel, Schweiz
doerr-architekten@bluewin.ch

endhardt
Martin Endhardt
Freier Architekt
Frauengäßchen 7
89312 Günzburg
info@endhardt.de
www.endhardt.de

ex.it architektur
DI Sebastian Schmid
Raffaelgasse 1/15
1200 Wien, Österreich
mail@exit-architektur.net
www.exit-architektur.net

Annette Galinski
Dipl.-Ing. Architektur
Robert Sittinger
Dipl.-Ing. Architekt
Albrecht-Dürer-Straße 13
71636 Ludwigsburg
info@architekturtext.de
www.architekturtext.de

Ralf P. Häussler
Freier Architekt BDA
Weißenburgstraße 31
70180 Stuttgart
info@architekt-haeussler.de
www.architekt-haeussler.de

INhoch3
Dipl.-Ing. (FH) Thomas Dold
Peter-Maier-Straße 20
78166 Donaueschingen
thomas.dold@inhoch3.de
www.inhoch3.de

Rüdiger Lange-Weindorf
Dipl.-Ing. Architekt
Schillerstraße 56
52477 Alsdorf
info@lange-weindorf.de
www.lange-weindorf.de

Sigmar Lenz
Freier Architekt BDA
Katharinenstraße 27
72072 Tübingen
sigmar.lenz@online.de

liebel + architekten
Rombacher Straße 59/1
73430 Aalen
buero@liebelarchitekten.de
www.liebelarchitekten.de

Architekturbüro [lu:p]
Renee Lorenz Dipl.-Ing. Architekt BDA
Ringstraße 21
96271 Grub am Forst
info@lu-p.de
www.lu-p.de

Meixner Schlüter Wendt
Architekten BDA
Fischerfeldstraße 13
60311 Frankfurt
info@meixner-schluter-wendt.de
www.meixner-schlueter-wendt.de

AJM
Architekturbüro Jürgen Mrosko
Gabelsbergerstraße 62
80333 München
info@mrosko-architekten.de
www.mrosko-architekten.de
www.3s-ad.com

Architektur Max Müller
Architekt BSA/SWB
Bruggerstraße 37
5400 Baden, Schweiz
architektur@maxmueller.ch
www.maxmueller.ch

Müller-Stüler und Höll Architekten
Onkel-Tom-Straße 1
14169 Berlin
info@msh-architekten.de
www.msh-architekten.de

p² prochiner architekten
Holbeinstraße 13
72760 Reutlingen
info@prochiner-architekten.de
www.prochiner-architekten.de

SYNdikat AG Zimmerei
Täleswiesenstraße 16
72770 Reutlingen
post@syndikat-ag.de
www.syndikat-ag.de

Fotografenverzeichnis

Einleitung

>> Abb. S. 7 links + Mitte
Andreas von Einsiedel
72/80 Leather Lane, Großbritannien
London EC1N 7TR
info@einsiedel.com
www.einsiedel.com

>> Abb. S. 10
Susanne Schmidt/AJM
Architekturbüro Jürgen Mrosko

>> Abb. S. 13 Mitte
Emanuela Danielewicz
Hellweg 18
44787 Bochum
www.danielewicz.de

Alle anderen Fotos:
Journalfoto
Bernhard Müller
Schillerstraße 26
72764 Reutlingen
mueller@journalfoto.de
www.journalfoto.de

Projektteil

>> Thomas Abendroth
Rainer Zottele
Bäuerlegasse 17/17
1200 Wien, Österreich
rainer.zottele@chello.at

Danksagung

>> architektur.terminal
Andy Sillaber
Fotostudio Sillaber & Mayr
Färbergasse 15
6850 Dornbirn, Österreich
a.sillaber@sillaber-mayr.at
www.sillaber-mayr.at

>> Buchner Bründler AG
Ruedi Walti
Dornacherstrasse 38
4053 Basel, Schweiz
ruediwalti@bluewin.ch

>> Giovan Luigi Dazio
Giovan Luigi Dazio
Via Ramogna 14
6600 Locarno, Schweiz
glddazio@gld-dazio.ch
www.gld-dazio.ch

>> deephaus.architects
Michael Zehany
Schottenfeldgasse 51
1070 Wien, Österreich

>> Volker Dörr
Reinhard Zimmermann
Webereistraße 47
8134 Adliswil, Schweiz
reinhard.zimmermann@netlink.ch

>> ex.it architektur
Franz Ebner

Burggasse 28–32
1070 Wien, Österreich
office@franzebner.at
www.franzebner.at

>> Architekturbürc [lu:p]
Rolf-Peter Reichel
Tannenweg 3
96271 Grub am Forst
reichel.kommunikation@t-online.de
www.reichel-kommunikation.de

>> Meixner Schlüter Wendt
Christoph Kraneburg
Achterstraße 8
50678 Köln
info@kraneburg.net
www.kraneburg.net

>> Architektur Max Müller
René Rötheli
Bruggerstraße 37
5400 Baden, Schweiz
roetheli@vfgonline.ch
www.vfgonline.ch/rroetheli/
www.rrphoto.ch

Alle anderen Fotos:
Bernhard Müller
Schillerstraße 26
72764 Reutlingen
mueller@journalfoto.de
www.journalfoto.ce

Ganz herzlich möchten sich die Autoren bei allen an diesem Buchprojekt Beteiligten bedanken. Ein spezieller Dank für die stets angenehme und konstruktive Zusammenarbeit geht an unsere Lektorin und fachliche Beraterin Annette Galinski von der Agentur Architekturtext.

Impressum

Verlagsgruppe Random House FSC-DEU-0100

Das für dieses Buch verwendete FSC-zertifizierte Papier *Profisilk*,
hergestellt von Sappi/Alfeld, lieferte IGEPA.

Mix
Produktgruppe aus vorbildlich
bewirtschafteten Wäldern, kontrollierten
Herkünften und Recyclingholz oder -fasern
www.fsc.org Zert-Nr. GFA-COC-001575
© 1996 Forest Stewardship Council

1. Auflage
Copyright © 2009 Deutsche Verlags-Anstalt, München,
in der Verlagsgruppe Random House GmbH
Alle Rechte vorbehalten

Umschlaggestaltung: Klaus Meyer, München
Gestaltung: Monika Pitterle/DVA
Satz und Layout: Andrea Mogwitz, München
Gesetzt aus der Thesis, The Sans Light und The Mix
Lithografie: Repro Ludwig, Zell am See
Druck und Bindung: Offizin Andersen Nexö Leipzig, Zwenkau
Printed in Germany

ISBN 978-3-421-03734-3

www.dva.de